RAPHAËLLE GIORDANO

Écrivain, spécialiste en créativité et développement personnel, artiste peintre… La création est un fil rouge dans la vie de Raphaëlle. Diplômée de l'École supérieure Estienne en Arts appliqués, elle cultive sa passion des mots et des concepts en agences de communication à Paris, avant de créer sa propre structure dans l'événementiel artistique. Quant à la psychologie, tombée dedans quand elle était petite, formée et certifiée à de nombreux outils, elle en a fait son autre grande spécialité. Avec son premier roman, *Ta deuxième vie commence quand tu comprends que tu n'en as qu'une* (Eyrolles, 2015), elle s'est consacrée à un thème qui lui est cher : l'art de transformer sa vie pour trouver le chemin du bien-être et du bonheur.

Retrouvez toute l'actualité de l'auteur sur :
http://raphaellegiordano.com/

TA DEUXIÈME VIE COMMENCE
QUAND TU COMPRENDS
QUE TU N'EN AS QU'UNE...

RAPHAËLLE GIORDANO

TA DEUXIÈME VIE COMMENCE QUAND TU COMPRENDS QUE TU N'EN AS QU'UNE...

Roman

EYROLLES

Pocket, une marque d'Univers Poche,
est un éditeur qui s'engage pour la préservation
de son environnement et qui utilise du papier fabriqué
à partir de bois provenant de forêts gérées
de manière responsable.

© Groupe Eyrolles, 2015.

ISBN : 978-2-266-27002-1

Un immense merci à Stéphanie Ricordel et Élodie Dusseaux, éditrices chez Eyrolles, pour avoir cru en mon projet et lui avoir permis de voir le jour.

Merci tout aussi grand à Stéphanie, ma sœur jumelle, et à ma mère qui m'ont énormément aidée et soutenue de leur avis bienveillant et constructif tout au long de l'écriture de cet ouvrage.

Merci à Régis, mon créatif bien-aimé, qui m'a soufflé le titre de ce livre.

Merci enfin à mon fils, Vadim, d'être ce qu'il est et de m'apporter autant de bonheur.

*Je rêve que chacun puisse prendre
la mesure de ses talents
et la responsabilité de son bonheur.
Car il n'est rien de plus important
que de vivre une vie à la hauteur
de ses rêves d'enfant...*

Belle route,

Raphaëlle.

1

Les gouttes, de plus en plus grosses, s'écrasaient sur mon pare-brise. Les essuie-glaces grinçaient et moi, les mains crispées sur le volant, je grinçais tout autant intérieurement... Bientôt, les trombes d'eau furent telles que, d'instinct, je levai le pied. Il ne manquerait plus que j'aie un accident ! Les éléments avaient-ils décidé de se liguer contre moi ? Toc, toc, Noé ? Qu'est-ce que c'est que ce déluge ?

Pour éviter les bouchons du vendredi soir, j'avais décidé de couper par les petites routes. Tout plutôt que de subir les grands axes sursaturés et les affres d'une circulation en accordéon ! Pas question d'être une Yvette Horner de la route ! Mes yeux essayaient vainement de déchiffrer les panneaux, tandis que la bande de dieux, là-haut, s'en donnait à cœur joie en jetant un maximum de buée sur mes vitres, histoire de corser mon désarroi. Et comme si ce n'était pas suffisant, mon GPS décida tout à coup, en plein milieu d'un sous-bois obscur, que lui et moi ne ferions plus route ensemble. Un divorce technologique à effet immédiat :

j'allais tout droit et lui tournait en rond. Ou plutôt ne tournait plus rond !

Il faut dire que là d'où je venais, les GPS ne revenaient pas. Ou pas indemnes. Là d'où je venais, c'était le genre de zone oubliée des cartes, où être ici signifiait être nulle part. Et pourtant... Il y avait bien ce petit complexe d'entreprises, ce regroupement improbable de SARL (Sociétés Assez Rarement Lucratives) qui devait représenter pour mon patron un potentiel commercial suffisant pour justifier mon déplacement. Peut-être y avait-il aussi une raison moins rationnelle. Depuis qu'il m'avait accordé mon quatre-cinquième, j'avais la désagréable impression qu'il me faisait payer cette grâce en me confiant les missions dont les autres ne voulaient pas. Ce qui expliquait pourquoi je me retrouvais dans un placard à roues, à sillonner les routes des grandes banlieues parisiennes, occupée par du menu fretin...

Allez, Camille... Arrête de ruminer et concentre-toi sur la route !

Soudain, un bruit d'explosion... Un bruit effrayant qui propulsa mon cœur à cent vingt pulsations/minute et me fit faire une embardée incontrôlable. Ma tête cogna contre le pare-brise et je constatai curieusement que, non, l'histoire de la vie qui défile devant les yeux en deux secondes, ce n'était pas une fable. Après quelques instants dans les vapes, je repris mes esprits et me touchai le front... Rien de visqueux. Juste une grosse bosse. Check-up éclair... Non, pas d'autres douleurs signalées. Plus de peur que de mal, heureusement !

Je sortis de la voiture en me couvrant comme je pouvais de mon imper pour aller constater les dégâts :

un pneu crevé et une aile cabossée. Passée la première grosse frayeur, la peur céda la place à la colère. *Bon sang de bonsoir !* Était-il possible de cumuler dans une seule journée autant d'enquiquinements ? Je me jetai sur mon téléphone comme sur une bouée de sauvetage. Évidemment, il ne captait pas ! J'en fus à peine surprise, c'est dire si j'étais résignée à ma poisse.

Les minutes s'égrenèrent. Rien. Personne. Seule, perdue dans ce sous-bois désert. L'angoisse commença à monter, desséchant plus encore mon arrière-gorge déshydratée.

Bouge, au lieu de paniquer ! Il y a sûrement *des maisons, dans le coin...*

Je quittai alors mon habitacle protecteur pour affronter résolument les éléments, affublée du très seyant gilet de secours. À la guerre comme à la guerre ! Et puis, pour être tout à fait franche, vu les circonstances, mon taux de *glamouritude* m'importait assez peu...

Au bout d'une dizaine de minutes qui me semblèrent une éternité, je tombai sur une grille de propriété. J'appuyai sur la sonnette du visiophone comme on compose le 15.

Un homme me répondit d'une voix de judas, celle-de-derrière-les-portes, qu'on réserve aux importuns.

— Oui ? C'est pour quoi ?

Je croisai les doigts : pourvu que les gens du cru soient hospitaliers et un tant soit peu solidaires !

— Bonsoir, monsieur... Désolée de vous déranger, mais j'ai eu un accident de voiture dans le sous-bois, derrière chez vous... Mon pneu a éclaté et mon portable ne capte pas le réseau... Je n'ai pas pu appeler les sec...

Le bruit métallique du portail en train de s'ouvrir me fit sursauter. Était-ce mon regard de cocker en détresse ou ma dégaine de naufragée qui avait convaincu ce riverain de m'accorder l'asile ? Peu importe. Je me glissai à l'intérieur sans demander mon reste et découvris une magnifique bâtisse de caractère, entourée d'un jardin aussi bien pensé qu'entretenu. Une véritable pépite dans de la boue aurifère !

2

Le perron s'alluma, puis la porte d'entrée s'ouvrit au bout de l'allée. Une silhouette masculine de belle stature s'avança vers moi, sous un immense parapluie. Lorsque l'homme fut tout près, je remarquai son visage long et harmonieux, aux traits plutôt marqués. Mais il était de ceux qui portent bien la ride. Un Sean Connery à la française. Je notai la présence de deux fossettes en virgules autour d'une bouche en apposition ponctuée de commissures joyeuses, ce qui, dans la syntaxe de sa physionomie, lui donnait d'emblée un air sympathique. Un air qui invitait au dialogue. Il devait avoir atteint la soixantaine comme quelqu'un qui rejoint la case « Ciel » à la marelle : à pieds joints et serein. Ses yeux d'un beau gris délavé brillaient d'un éclat espiègle, semblables à deux billes tout juste lustrées par un gamin. Sa belle chevelure poivre et sel était étonnamment fournie pour son âge, ne présentant qu'un léger recul sur le devant, une fine accolade couchée sur son front. Une barbe très courte, aussi bien taillée que les jardins alentour, ouvrait les guillemets d'un style soigné qui s'étendait à toute sa personne.

Il m'invita à le suivre à l'intérieur. Trois points de suspension à mon examen muet.

— Entrez ! Vous êtes trempée jusqu'aux os !

— M... Merci ! C'est vraiment gentil à vous. Encore une fois, je suis désolée de vous déranger...

— Ne le soyez pas. Il n'y a pas de problème. Tenez, asseyez-vous, je vais vous chercher une serviette pour vous sécher un peu.

À ce moment-là, une femme élégante, que je devinai être sa femme, s'avança vers nous. La grâce de son joli visage se trouva momentanément altérée par le froncement de sourcils qu'elle réprima en me voyant pénétrer dans son foyer.

— Chéri, tout va bien ?

— Oui, oui, ça va. Cette dame a eu un accident de voiture et elle n'arrivait pas à capter de réseau dans le sous-bois. Elle a juste besoin de téléphoner et de se remettre un peu.

— Ah oui, bien sûr...

Me voyant glacée, elle me proposa aimablement une tasse de thé que j'acceptai sans me faire prier.

Tandis qu'elle s'éclipsait dans la cuisine, son mari descendit les escaliers, une serviette à la main.

— Merci, monsieur, c'est très gentil.

— Claude. Je m'appelle Claude.

— Ah... Moi, c'est Camille.

— Tenez, Camille. Le téléphone est là, si vous voulez.

— Parfait. Je ne serai pas longue.

— Prenez votre temps.

Je m'avançai vers le téléphone posé sur un joli meuble en bois raffiné, au-dessus duquel trônait une œuvre d'art contemporain. Ces gens avaient manifestement du goût et une belle situation... Quel soulagement d'être tombée sur eux (et non dans l'antre d'un ogre-mangeur-de-desperate-housewives-en-détresse) !

Je décrochai le combiné et composai le numéro d'assistance de mon assureur. Incapable de géolocaliser mon véhicule, je proposai que le dépanneur me rejoigne tout d'abord chez mes hôtes, avec leur accord. On m'annonça une intervention dans l'heure. Je respirai intérieurement : les événements prenaient bonne tournure.

J'appelai ensuite la maison. Par discrétion, Claude s'empara du tisonnier et alla s'occuper du feu qui crépitait dans la cheminée, à l'autre bout de la pièce. Après huit interminables sonneries, mon mari décrocha. À sa voix, je devinai qu'il avait dû s'assoupir devant un programme télé. Malgré tout, il ne semblait ni surpris ni inquiet de m'entendre. Il était habitué à me voir rentrer parfois assez tard. Je lui expliquai mes déboires. Il ponctua mes phrases d'onomatopées agacées et de claquements de langue contrariés, puis me posa des questions techniques. Dans combien de temps allait-on venir me dépanner ? Combien cela allait-il coûter ? J'avais les nerfs à vif et son comportement me donnait envie de crier dans le combiné ! Il ne pouvait pas montrer un peu d'empathie pour une fois ? Je raccrochai, furibonde, en lui disant que j'allais me débrouiller et qu'il ne m'attende pas pour dormir.

Mes mains tremblaient malgré moi et je sentais mes yeux s'embuer. Je n'entendis pas Claude s'approcher de moi, si bien que sa main sur mon épaule me fit tressaillir.

— Ça va ? Vous vous sentez bien ? demanda-t-il d'une voix bienveillante, la voix que j'aurais aimé entendre à mon mari, un peu plus tôt.

Il s'accroupit pour être à la hauteur de mon visage et répéta :

— Ça va, vous vous sentez bien ?

Et là, quelque chose en lui me fit basculer : mes lèvres se mirent à trembloter, et je ne pus contenir les larmes qui se bousculaient sous mes paupières depuis un moment... Mascarade de mascara sur mon visage, je laissai alors s'échapper le trop-plein de frustrations accumulées ces dernières heures, ces dernières semaines, ces derniers mois, même...

3

Au début, il ne dit rien. Il resta juste ainsi, immobile, sa main chaude sur mon épaule, en signe d'empathie.

Quand mes larmes se tarirent, sa femme qui, entre-temps, avait déposé devant moi la tasse de thé fumant, m'apporta aussi quelques mouchoirs, puis disparut à l'étage, pressentant sans doute que sa présence risquait d'interrompre une confession salutaire.

— Ex... Excusez-moi, c'est ridicule ! Je ne sais pas ce qui m'arrive... En ce moment, je suis à vif, et là-dessus, cette journée effroyable, vraiment, c'est trop !

Claude était allé se rasseoir sur le fauteuil en face de moi et m'écoutait attentivement. Quelque chose, en lui, appelait la confidence. Il plongea son regard dans le mien. Pas un regard scrutateur, ni intrusif. Un regard bienveillant, grand comme des bras ouverts.

Mes yeux rivés aux siens, je sentais que je n'avais pas à tricher. Que je pouvais me livrer sans masque. Mes petits verrous intérieurs lâchaient les uns après les autres. Tant pis. Ou tant mieux ?

Je lui confessai les grandes lignes de mon vague à l'âme, lui expliquai comment des microfrustrations accumulées avaient fini par gangréner ma joie de vivre alors que j'avais tout, *a priori*, pour être épanouie...

— Vous voyez, ce n'est pas que je sois malheureuse, mais je ne suis pas vraiment heureuse non plus... Et c'est affreux, cette sensation que le bonheur m'a filé entre les doigts ! Pourtant, je n'ai aucune envie d'aller voir un médecin ; il serait capable de me dire que je fais une dépression et de me gaver de médicaments ! Non, c'est juste cette espèce de morosité... Rien de grave, mais quand même... C'est comme si le cœur n'y était plus. Je ne sais plus si tout ça a un sens !

Mes paroles semblèrent l'émouvoir, au point que je me demandai si elles ne le renvoyaient pas à quelque chose de très personnel. Alors que nous nous connaissions depuis moins d'une heure, il s'était installé entre nous un surprenant climat de connivence. Étrangère un instant plus tôt, voilà que je franchissais avec ma confession plusieurs degrés d'intimité d'un coup, créant un trait d'union précoce entre nos histoires.

Ce que j'avais livré de moi avait visiblement touché chez lui une corde sensible qui l'animait d'une authentique motivation à me réconforter.

— « ***Nous avons autant besoin de raisons de vivre que de quoi vivre*** », affirmait l'abbé Pierre. Alors, il ne faut pas dire que ça n'a pas d'importance. Ça en a énormément, au contraire ! Les maux de l'âme ne sont pas à prendre à la légère. À vous écouter parler, je crois même savoir de quoi vous souffrez...

— Ah oui, vraiment ? demandai-je en reniflant.

— Oui...

Il hésita un instant à poursuivre, comme s'il essayait de deviner si j'allais être réceptive ou non à ses révélations... Il dut juger que oui, car il enchaîna, sur le ton de la confidence :

— Vous souffrez probablement d'une forme de routinite aiguë.

— Une quoi ?

— Une routinite aiguë. C'est une affection de l'âme qui touche de plus en plus de gens dans le monde, surtout en Occident. Les symptômes sont presque toujours les mêmes : baisse de motivation, morosité chronique, perte de repères et de sens, difficulté à être heureux malgré une opulence de biens matériels, désenchantement, lassitude...

— Mais... Comment vous savez tout ça ?

— Je suis routinologue.

— Routino-quoi ?

C'était surréaliste !

Il semblait habitué à ce genre de réaction, car il ne se départit pas de son flegme et bienheureux détachement.

Il m'expliqua alors en quelques phrases ce qu'était la routinologie, cette discipline novatrice encore méconnue en France, mais déjà bien répandue dans d'autres parties du monde. Comment les chercheurs et scientifiques s'étaient rendu compte que de plus en plus de gens étaient touchés par ce syndrome. Comment, sans être en dépression, on pouvait ressentir malgré tout une sensation de vide, un vrai vague à l'âme et traîner la désagréable impression d'avoir tout pour être heureux, mais pas la clé pour en profiter.

Je l'écoutais avec des yeux ronds, buvant ses paroles qui dépeignaient si bien ce que je ressentais, ce qui l'engagea à poursuivre :

— Vous savez, la routinite paraît un mal bénin à première vue, mais elle peut causer de véritables dégâts sur la population : entraîner des épidémies de sinistrose, des tsunamis de vague à l'âme, des vents d'humeur noire catastrophiques. Bientôt, le sourire sera en voie de disparition ! Ne riez pas, c'est la vérité ! Sans parler de l'effet papillon ! Plus le phénomène s'étend, plus il touche une large population... Une routinite mal endiguée peut faire baisser la cote d'humeur d'un pays tout entier !

Au-delà de son ton grandiloquent, je sentais bien son souci d'en rajouter pour me redonner le sourire.

— Vous n'exagérez pas un peu, là ?

— Si peu ! Vous n'imaginez pas le nombre d'analphabètes du bonheur ! Sans parler de l'illettrisme émotionnel ! Un véritable fléau... Ne pensez-vous pas qu'il n'y a rien de pire que cette impression de passer à côté de sa vie faute d'avoir eu le courage de la modeler à l'image de ses désirs, faute d'être resté fidèle à ses valeurs profondes, à l'enfant qu'on était, à ses rêves ?

— Mmm, mmm... Sûrement...

— Malheureusement, développer ses capacités à être heureux n'est pas quelque chose qu'on apprend à l'école. Il existe pourtant des techniques. On peut avoir beaucoup d'argent et être malheureux comme les pierres, ou au contraire en avoir peu et savoir faire son miel de l'existence comme personne... La capacité au bonheur se travaille, se muscle jour après jour. Il suffit de revoir son système de valeurs, de rééduquer le regard qu'on porte sur la vie et les événements.

Il se leva et alla chercher sur la grande table une coupelle remplie de confiseries, puis revint m'en proposer pour accompagner mon thé. Il en picora distraitement quelques-unes, tout en reprenant notre conversation qui semblait lui tenir particulièrement à cœur. Tandis que je l'écoutais me parler de l'importance de revenir à soi, de s'aimer mieux pour pouvoir être capable de trouver sa voie et son bonheur, de le faire rayonner autour de soi, je me demandais ce qu'il avait bien pu vivre lui-même pour être aussi concerné...

Tout son être s'enflammait pour tenter de me faire partager sa conviction. Il marqua soudain une pause et me scruta de son regard bienveillant qui semblait lire en moi aussi facilement qu'un aveugle lit le braille.

— Vous savez, Camille, la plupart des choses qui vous arrivent dans la vie dépendent de ce qui se passe là-haut, enchaîna-t-il, se tapotant le crâne. Dans votre tête. Le pouvoir du mental n'a pas fini de nous surprendre ! Vous n'imaginez pas à quel point votre pensée influence votre réalité... C'est un peu le même phénomène que celui décrit par Platon dans son *Mythe de la caverne* : enchaînés dans une grotte, les hommes se font une image fausse de la réalité, car ils ne connaissent d'elle que les ombres déformées des choses qu'un feu allumé derrière eux projette sur le mur.

Je goûtai en silence le cocasse de la situation. Il faut dire aussi que je ne m'attendais pas à philosopher dans un salon cosy, une heure après un accident de la route !

— Vous faites un parallèle entre le mythe de Platon et le mode de fonctionnement de notre mental ? Waouh...

Il sourit de ma réaction.

— Mais oui ! J'y vois un parallèle avec les pensées qui placent un filtre entre la réalité et nous-mêmes et la transforment au gré des croyances, des a priori et des jugements... Et qui fabrique tout ça ? Votre mental ! Uniquement votre mental ! J'appelle ça « la fabrique à pensées ». Une véritable usine ! La bonne nouvelle, c'est que vous avez le pouvoir de les changer, ces pensées. Broyer du rose ou broyer du noir n'est pas indépendant de votre volonté... Vous pouvez travailler votre mental pour qu'il arrête de vous jouer des mauvais tours : il suffit d'avoir un peu de constance, de persévérance et de méthode...

J'étais abasourdie. J'hésitais entre le prendre pour un fou et applaudir à deux mains son incroyable discours. Je ne fis ni l'un ni l'autre et me contentai de hocher la tête en signe d'assentiment.

Il dut sentir que pour l'heure la jauge d'informations à digérer était atteinte.

— Pardonnez-moi, je vous embête peut-être avec toutes mes théories ?

— Pas du tout, pas du tout ! Je les trouve très intéressantes. Je suis juste un peu fatiguée, il ne faut pas faire attention...

— C'est bien normal. Une autre fois, si vous le souhaitez, je serais ravi de vous reparler de cette méthode... Elle a vraiment fait ses preuves pour aider des personnes à retrouver du sens et à remettre sur pied un projet de vie épanouissant.

Il se leva et se dirigea vers un joli petit secrétaire en bois de cerisier. Il en sortit une carte qu'il me tendit.

— Passez me voir à l'occasion, dit-il avec un doux sourire.

Je lus :

Claude DUPONTEL
Routinologue
15, rue la Boétie
75008 Paris
06 78 47 50 18

Je me saisis de la carte sans savoir encore quoi en penser. Par politesse, je lui dis que j'allais y réfléchir. Il n'insista pas, en apparence peu préoccupé par ma réponse. La professionnelle de la vente que j'étais n'arrivait pas à comprendre : une personne à son compte ne cherchait-elle pas à tout prix à décrocher un nouveau client ? Son peu d'agressivité commerciale semblait indiquer une confiance en soi rare. J'eus alors la conviction que si je refusais cette opportunité, la seule qui avait quelque chose à perdre, c'était moi.

Mais pour l'heure, j'étais encore sous le joug des émotions de la soirée, cet accident stupide, cet orage stupide, comme un début de mauvais film d'épouvante... Et maintenant, un routinologue ! J'hallucinais... Dans cinq minutes, les caméras allaient sortir et quelqu'un crierait : « Surprise sur prises ! »

La sonnette retentit. À la porte, ni caméra, ni journaliste, juste le dépanneur qui venait d'arriver.

— Vous voulez qu'on vous accompagne ? me demanda aimablement Claude.

— Non, vraiment, merci... Ça va aller. Vous avez déjà été tellement gentils. Je ne sais comment vous remercier...

— Il n'y a pas de quoi. C'est bien normal d'aider en pareil cas ! Envoyez-nous un SMS quand vous serez rentrée chez vous.

— C'est promis. Au revoir, et merci encore !

Je montai à l'avant avec le dépanneur pour lui indiquer le chemin jusqu'au lieu de l'accident. Je jetai un dernier regard à travers la vitre et vis le couple tendrement enlacé me faire un petit au revoir depuis le perron. Il émanait d'eux une telle impression d'amour et de complicité !

C'est avec cette image de bonheur paisible flottant dans mon esprit que je me laissai emporter dans le noir, cahotée dans cet engin qui me ramenait à la réalité de mes problèmes...

4

Le lendemain matin, je me réveillai avec une migraine terrible. Et les marteaux piqueurs allaient malheureusement jouer les Woody Woodpecker dans ma tête toute la journée ! J'avais passé une nuit agitée à repenser aux paroles de Claude Dupontel. Étais-je vraiment atteinte de routinite aiguë ? Le vague à l'âme qui me tenaillait depuis quelques semaines méritait-il que je m'engage dans une telle démarche d'accompagnement ? Parce que, de quoi je me plaignais, en fait ? J'avais un mari et un fils formidables, un travail qui m'offrait une situation stable... Peut-être fallait-il simplement que je me secoue et que j'arrête de ruminer ? Pourtant, mon petit spleen de bobo préquadra avait la dent dure. J'avais bien tenté à moult reprises de mettre mon mouchoir par-dessus, en vain...

Par moments, j'essayais malgré tout de remettre les choses en perspective. De « *prendre de la hauteur* », comme ils disent dans les magazines psycho. Je passais en revue tous les échelons de la misère humaine. Les gens sous les bombes. Ceux qui avaient une maladie grave. Les sans-abri, les sans-travail, les sans-amour...

À côté, mes problèmes semblaient bien minimes ! Mais comme l'avait dit Claude Dupontel, il ne fallait pas comparer ce qui n'était pas comparable. L'échelle du bonheur ou du malheur n'est pas la même pour tous. Je ne connaissais pas cet homme et pourtant, il semblait si équilibré, si... posé ! Oui, *posé*, c'était le mot. Bien sûr, je ne croyais pas aux recettes miracles qui transforment votre vie comme par un coup de baguette magique. Mais pour ce qui était de changer les choses, il avait l'air si convaincant ! Il affirmait que la routine et la morosité n'étaient pas une fatalité, qu'on pouvait choisir d'être de ceux qui ne subissent pas leur quotidien et arrivent à vivre pleinement leur existence. Faire de sa vie une œuvre d'art... Un projet qui paraissait *a priori* assez irréaliste, mais pourquoi ne pas essayer, au moins, de tendre vers ça ?

En théorie, l'envie était là. Mais en pratique ? « Un jour, j'irai vivre en Théorie, parce que en Théorie tout se passe bien... » Alors, comment passer à l'action et franchir l'étape du *yakafaucon* ? Cette question en tête, je me levai péniblement, avec la désagréable impression d'avoir été rouée de coups toute la nuit. Pour ne rien arranger, je posai sans le faire exprès le pied gauche en premier sur le sol. Superstition stupide, mais j'y vis illico un signe de mauvais augure, réaction instantanée de mon cerveau asphyxié d'ondes négatives : la journée s'annonçait mal...

Sébastien, mon supposé cher-et-tendre, me dit à peine bonjour. Il semblait aux prises avec une cravate rebelle et je compris vaguement, entre deux jurons étouffés, qu'il était en retard pour sa réunion. Ce n'était pas encore ce matin qu'il allait emmener Adrien à l'école. Soupir et re-soupir.

Adrien, mon fils, neuf ans, six mois, douze jours et huit heures, aurait-il pu vous expliquer. Sa hâte d'être grand m'émouvait et m'effrayait parfois ; tout allait si vite ! Trop vite. Adrien faisait d'ailleurs toujours tout avec un temps d'avance. Pour venir au monde, il avait frappé à la porte bien avant l'heure. D'une vitalité hors norme, il était déjà aussi remuant dans mon ventre qu'un lâcher de balles sur un terrain de squash miniature. Le seul moyen de le faire tenir en place aurait été de le ficeler sur une chaise. Peine perdue d'avance. Très tôt, nous avions dû nous rendre à l'évidence : notre fils appartiendrait à la catégorie des « enfants Duracell » : infatigables.

Ce que je n'étais pas. J'avais beau l'aimer plus que tout au monde, certains jours, je me disais qu'il devait avoir un mini-aspirateur à énergie caché sous son T-shirt, qu'il utilisait à sa guise, selon son bon plaisir de petit tyran légitime.

Bien que parents modernes élevés au biberon doltoïen et nous étant approprié à notre tour le credo de Françoise Dolto « l'enfant est un sujet à part entière », nous nous étions rendu compte que notre système d'éducation s'était par trop imbibé de permissivité. Sous prétexte de faire la part belle au dialogue et au respect de la personnalité de l'enfant, nous avions trop lâché la bride...

— Le caaaadre ! n'avait cessé de me répéter ma mère.

Bien sûr, elle avait raison.

Le cadre : voilà donc ce que j'essayais d'installer depuis quelques mois pour endiguer notre dérive laxiste. J'avais même amorcé un virage complet, et j'étais passée d'un extrême à l'autre. Trop brutal, incontestablement... Mais on fait comme on peut, hein ? Je houspillais constamment Adrien pour lui poser des limites. Il râlait, mais finissait par obéir. Malgré son pli très « enfant libre », il avait heureusement un vrai bon fond.

J'avais conscience d'être beaucoup sur son dos – pour son bien, pensais-je, avec la sensation, par instants, de me transformer en moulin à messages contraignants. Un rôle que je ne vivais pas très bien. « Range tes affaires, va prendre ta douche, éteins les lumières, fais tes devoirs, baisse la lunette des toilettes... » J'avais rangé au placard mon costume de mère-copine pour celui de mère-je-structure. Et ce que j'avais gagné en chaussettes rangées, je l'avais clairement perdu en qualité de relation. Il s'était instauré entre nous un rapport de force, une tension. Chien et chat. Ça grattait. Comme si on n'arrivait plus à se comprendre. Mais aussi, comment pouvait-il avoir des comportements de préadolescent à même pas dix ans ?

J'en étais là de mes réflexions, lorsque j'entrai dans sa chambre. À dix minutes du départ, il était en train de jouer au ping-pong contre le mur, à moitié habillé. Il avait enfilé des chaussettes de couleurs différentes, s'était coiffé avec une serpillière et laissait, sans-le-début-du-commencement-d'un-scrupule, sa chambre ressembler au Beyrouth des années soixante-dix...

Il leva sur moi ses grands yeux marron glacé aux cils étonnamment longs, dans lesquels brillait toujours une lueur espiègle. Je m'arrêtai un instant sur ce visage rond aux traits fins, sur cette bouche joliment dessinée, marquée par une moue volontaire. Même en bataille, ses cheveux avaient un soyeux irrésistible qui attirait la main. Il était beau, le bougre ! Je résistai à la tentation de venir l'embrasser pour mettre bon ordre dans ce grand nawak. À moi la casquette d'adjudant-chef des mauvais-jours pour le recadrer.

— Mais, mamannnnn ! Pourquoi tu t'énerves ? Cool, déstresse ! me répondit-il, soulignant ses paroles d'un geste de rappeur zen pêché dans son clip fétiche du moment.

Le petit côté frondeur de cette attitude me faisait systématiquement sortir de mes gonds. On entendait encore mes semonces et autres rouspétances, tandis que je refermais la porte de la salle de bains pour une douche expéditive. Je me savonnai sans ménagement, l'esprit déjà assombri par ma *to-do list* de la journée.

Lorsque je sortis de la cabine, mon image, dans le miroir, me fit froncer les sourcils. Une belle ride du lion marquait mon front. Je préférais le temps où j'étais gazelle...

Je regardai ce visage qui avait été joli, qui pourrait peut-être l'être encore, si j'avais le teint moins blafard, si les cernes étaient moins bleutés sous mes yeux verts, qui avaient tant séduit autrefois. Tout comme mes cheveux blonds et soyeux, quand je leur offrais encore du temps et une coupe stylée pour encadrer mon visage rond. Trop rond aujourd'hui. La faute aux quelques kilos accumulés après ma grossesse, puis au fil des années et des échappatoires sucrées. Maussade, j'empoignai mes petites bouées de plaisirs trop vite avalés en regard de leur durée de stockage, pour mesurer l'ampleur des dégâts. De quoi me gâter l'humeur pour la journée !

Je repassai dans la chambre en hâte pour m'habiller et bousculai par mégarde le cadre photo sur notre table de chevet. Je le ramassai pour le remettre en place.

Une jolie photo de notre couple au temps où, la nuit, nous savions encore faire la course avec la lune et rire avec les étoiles... Où était-il passé, ce bel homme au regard brillant qui savait si bien me faire chavirer, roulant les mots doux dans mon cou ? Depuis quand n'avait-il pas fait la moindre esquisse d'un geste de séduction ? Pourtant, il était gentil. Sacrément gentil. À l'évocation de cette tendresse tiède, de cette amicalité qui avait insidieusement remplacé la fougue de nos débuts, je ressentis une vague nausée. Autrefois jungle sauvage et luxuriante, nos sentiments amoureux s'étaient transformés au fil des saisons en un jardin à la française : prévisible, lisse, sans un brin d'herbe qui dépassait.

Or, l'amour, il faut que ça déborde, que ça crépite, que ça bouillonne, que ça jaillisse, non ?

En tout cas, c'était ainsi que nous voyions les choses. À quel moment cela avait-il basculé ? Avec l'arrivée d'Adrien ? Quand Sébastien avait été promu ? Allez savoir... Quoi qu'il en soit, le résultat était le même : enlisée dans notre gadoue conjugale, étriquée dans une existence trop bien huilée, je faisais le constat d'une vie de couple insipide qui avait fini, tel un chewing-gum trop mâché, par perdre toute sa saveur...

Je chassai ces pensées désagréables d'un geste brusque et je fis disparaître mon corps sous les premières affaires qui me tombèrent sous la main. Au diable la grâce et l'élégance ! Pour qui, pour quoi, de toute façon ? Depuis que j'étais en CDI amoureux, je n'intéressais plus personne. Alors, le confort avant tout...

Je déposai mon fils à l'école à la va-vite en le houspillant sur le chemin pour qu'il se dépêche. Vite était le mot grand manitou de nos existences. Il dictait sa loi, sévissait comme un tyran tout-puissant et nous soumettait à l'écrasant pouvoir de la petite aiguille. Il n'y avait qu'à observer ces gens prêts à en écraser d'autres pour monter dans une rame déjà bondée, parce qu'ils ne veulent pas attendre trois minutes le train suivant, ou à griller un feu rouge pour gagner quelques secondes quitte à risquer un accident grave, ou capables de téléphoner en pianotant sur un écran, tout en fumant et en mangeant...

Je n'échappais pas à la règle. Faute de voiture, je courus jusqu'au métro et manquai de faire un vol plané dans les escaliers.

Très bonne idée de se casser une jambe pour ne pas rater sa rame, Camille !

Essoufflée, en nage malgré le froid, je m'affalai sur un siège, tout en me demandant comment j'allais faire pour survivre à cette journée.

5

En partant de chez Claude Dupontel, huit jours auparavant, j'avais glissé sa carte dans mon manteau. Depuis, tous les jours, je la triturais, la tournais et la retournais dans ma poche, sans me décider à l'appeler. Ce ne fut que le neuvième jour, en sortant d'une réunion houleuse au bureau durant laquelle mon boss m'avait publiquement rabrouée, que je décidai que ça ne pouvait plus durer : il fallait que les choses changent ! Je ne savais pas vraiment comment, ni par où commencer, mais je me disais que Claude, lui, le saurait peut-être...

Je profitai de la pause déjeuner pour passer mon coup de fil. J'avais encore l'estomac retourné de la réunion du matin.

Au bout de quelques sonneries, il décrocha.

— Monsieur Dupontel ?

— Lui-même.

— C'est Camille, vous vous souvenez ?

— Ah, oui. Bonjour, Camille. Comment allez-vous ?

— Bien, bien, merci. Enfin... Pas si bien que ça, en fait. C'est justement pour ça que je vous appelle.

— Oui ?

— Vous m'avez proposé de me parler un peu plus de votre méthode. Ça m'intéresse vraiment. Alors, si vous avez une disponibilité...

— Je vais regarder ça. Voyons... Vendredi, 19 heures, ça vous irait ?

Je réfléchis en hâte à ce que j'allais faire d'Adrien... Puis me dis qu'il pourrait rester un moment tout seul, le temps que son père rentre du travail.

— C'est d'accord, je m'arrangerai... Merci beaucoup ! Alors, à vendredi...

— Oui, à vendredi, Camille. D'ici là, prenez soin de vous !

Prenez soin de vous... Les mots résonnaient encore à mes oreilles, tandis que je marchais pour regagner le bureau. Cela faisait tellement de bien, quelqu'un d'un peu attentionné ! Quelques grammes de bienveillance dans ce monde de brutes ! Un monde que je connaissais bien, étant la seule femme dans un groupe de huit commerciaux... Les vannes fusaient à longueur de journée, un humour potache qui tournait parfois à l'ironie mordante. Cela m'épuisait à la longue. J'avais vraiment envie d'autre chose... Plus d'authenticité dans les relations, peut-être. Bien sûr, j'étais très contente d'avoir ce travail. Un CDI, de nos jours, c'était déjà un luxe, comme me l'avait répété ma mère.

Ah, ma mère... Mon père l'avait quittée peu de temps après ma naissance, et même s'il n'avait pas complètement disparu du paysage, lui apportant de temps à autre une petite aide financière, elle s'était débrouillée seule pour assumer la situation, et m'avait toujours donné l'impression de tirer le diable par la queue. Si bien que quand arriva pour moi le moment de choisir une orientation professionnelle, il ne fut pas question de choisir une voie autre que celle qui, selon elle, pourrait offrir les meilleurs débouchés. Celle qui mènerait à un métier lucratif, pour que je puisse être autonome financièrement, quoi qu'il m'arrive dans la vie... Moi qui avais une passion pour le dessin depuis toujours, je dus ranger mes beaux projets dans les cartons, et m'engager à regret dans des études de commerce. Je filai droit. En apparence du moins. Car, en moi, quelque chose s'était distordu. Un rêve d'enfant qui part aux oubliettes, c'est la scoliose du cœur assurée !

Le jour où je décrochai mon diplôme fut sans doute pour ma mère le plus beau jour de sa vie après celui de ma naissance. J'allais avoir un avenir meilleur que le sien. Sa joie mit un peu de baume sur mon invisible blessure, et je finis par me persuader que ce n'était pas si mal. Mon début de carrière fut très prometteur. J'avais des dispositions pour le contact humain. Puis mon mariage et l'arrivée d'Adrien mirent un frein à mes ambitions. N'ayant pas envie de ressembler à une mère courant d'air dont la carrière passait avant tout le reste, je décidai de prendre un temps partiel pour pouvoir profiter de mon fils. Je pensais naïvement avoir choisi la meilleure solution. Je n'avais pas évalué ce que ce statut avait de bâtard : outre la difficulté de faire en quatre jours ce que les autres faisaient en cinq, j'avais la nette impression d'avoir perdu un peu de l'estime de mes collègues et supérieurs. Une sorte de dévaluation que je vivais comme une injustice.

Mon CDI professionnel avait commencé en même temps que mon CDI amoureux. Douze années plutôt sereines, avec des hauts et des bas, bien sûr, mais sans gros nuages. À l'aube de mes quarante ans – trente-huit ans et quart pour être précise (Dieu, pourquoi les grains du sablier me donnaient-ils l'impression de s'écouler de plus en plus vite au fil des années ?) –, le bilan n'était pas si mal : un mari qui était resté à mes côtés – j'avais apparemment échappé à la malédiction familiale de la femme quittée, mais j'y pensais parfois comme à une épée de Damoclès –, un enfant magnifique – certes remuant, mais n'était-ce pas là le signe d'une belle vitalité ? – et un travail qui remplissait à merveille sa fonction pécuniaire, avec la gratification, parfois, de décrocher un contrat client.

Tout allait donc plutôt bien. Plutôt. Et c'était précisément pour ce « plutôt » que j'avais hâte d'aller voir Claude Dupontel. Un petit plutôt qui cachait de grands pourquoi, avec tout un cortège de remises en question, comme j'allais bientôt en faire l'expérience...

Le jour de notre rendez-vous, j'arrivai au pied d'un bel immeuble à l'impressionnante façade haussmannienne : pierres de taille tout en élégance, balcons en fer forgé, corniches et moulures ouvragées. Je pénétrai par une porte cochère dans un hall luxueux, sous le regard oblique d'une cariatide. Un peu intimidée, je me glissai à pas de souris jusqu'à la cour intérieure, joliment pavée et décorée de plantes verdoyantes déployant pour le visiteur toute la palette de leur richesse graphique. Un havre dans la jungle urbaine. « Première porte à gauche au fond de la cour », m'avait indiqué Claude Dupontel.

À peine eus-je sonné qu'une petite femme toute

menue m'ouvrit, comme si elle m'attendait derrière la porte.

— C'est vous, Camille ? me demanda-t-elle sans préambule, avec un grand sourire.

— Euh, oui, c'est bien moi, répondis-je, un peu interloquée.

Elle me demanda de la suivre dans un long couloir et il me sembla qu'elle me jetait des petits regards curieux et amusés. Passant près d'un miroir, je ne pus m'empêcher de vérifier si mon rouge à lèvres n'avait pas débordé ou si quelque chose ne clochait pas dans ma tenue. Mais, non, rien. Elle m'installa dans une salle d'attente aux fauteuils aussi moelleux que luxueux, m'assurant que M. Dupontel serait à moi dans un instant. Je me laissai captiver par les œuvres d'art contemporain qui ornaient les murs, leurs entrelacs de formes et leurs subtils jeux de couleurs. L'assistante reparut quelques instants plus tard et fit entrer une nouvelle venue. La jeune femme, à qui je ne donnai guère plus d'une trentaine d'années, s'assit sur un fauteuil à ma gauche. Une brune piquante. J'enviai sa ligne et l'élégance de son look branché. Surprenant mon examen muet, elle me sourit.

— Vous avez rendez-vous avec Claude ?

— Oui.

— C'est votre première visite ?

— Oui.

— Vous allez voir, il est extraordinaire ! Avec moi, il a fait des miracles... Bien sûr, sa méthode a de quoi surprendre, au début, mais...

Elle se penchait vers moi dans l'intention manifeste de m'en dire plus, lorsque la porte s'ouvrit sur Claude Dupontel.

— Ah, Sophie, vous êtes là... Bonjour, Camille. Nous en avons pour un tout petit instant, juste un papier à échanger, et je suis à vous.

La jeune femme le suivit comme on suivrait quelqu'un au bout du monde. J'entendis son petit rire perler dans le couloir. Ils avaient l'air de s'entendre comme larrons en foire ! La porte du cabinet se ferma. Silence. Puis elle se rouvrit peu de temps après, et j'entendis de nouveau le petit rire. Ça allait être à moi...

Discrètement, j'essuyai ma main sur le pan de mon manteau, espérant faire disparaître les traces de sa coupable moiteur. Quelle stupidité de ressentir du trac pour un rendez-vous comme celui-là, alors qu'il s'agissait d'une simple visite de curiosité !

— Camille ? Suivez-moi, c'est par ici...

Je marchai sur ses pas jusqu'à son cabinet, qui me surprit encore par son décor raffiné.

— Asseyez-vous, je vous en prie. Je suis content de vous voir, dit-il avec un sourire qui ne démentait pas ses propos. Et si vous êtes là, c'est que vous avez envie de changer des choses dans votre vie, n'est-ce pas ?

— Oui. Enfin, je crois... Ce que vous m'avez dit l'autre jour a vraiment suscité mon intérêt et j'ai bien envie d'en savoir plus sur votre méthode.

— Je vous dirai pour faire court que ce n'est pas une méthode conventionnelle, dès lors qu'elle propose une approche plutôt expérientielle que théorique du changement. Nous partons du principe que ce n'est pas entre les murs d'un cabinet que la personne qui désire changer trouvera sa vérité, ni qu'elle comprendra quel sens donner à sa vie ! C'est dans l'action, le concret, l'expérience... Pour le reste, cette méthode puise ses sources dans les enseignements de divers courants de pensées philosophiques, spirituels et même scientifiques, et s'inspire des techniques les plus éprouvées de développement personnel à travers le monde. Un condensé de ce que les hommes ont pensé de mieux pour évoluer en bien.

— Je comprends... Vous dites « donner un sens à sa vie »... Ça me parle, bien sûr. C'est ce qu'on veut tous, non ? Un peu comme un Graal... En revanche, ça me paraît difficile à trouver, et je ne saurais pas par quel bout commencer !

— Ne vous inquiétez pas ! « Donner un sens à sa vie », c'est le fil rouge du changement. Dans la pratique, on procède étape par étape.

— Étape par étape ?

— Oui, il va de soi qu'on ne devient pas « ceinture noire du changement » du jour au lendemain. C'est pourquoi j'applique **la théorie des petits pas** pour faire progresser mes élèves par paliers. Quand on parle de changement, beaucoup de gens s'imaginent quelque chose d'énorme, de radical, mais les changements de vie décisifs commencent par de petites transformations, en apparence anodines... Il se peut que mes conseils vous apparaissent par moments comme des évidences, des lapalissades presque... Ne vous y trompez pas : ce n'est pas de réussir à faire une fois les choses qui est compliqué, c'est d'y parvenir tous les jours. « ***Nous sommes ce que nous répétons sans cesse*** », disait Aristote. C'est si vrai ! Devenir une personne meilleure, plus heureuse, équilibrée demande du travail et des efforts réguliers. Vous verrez que la difficulté n'est pas de savoir ce qu'il faudrait faire pour aller mieux, mais de s'engager fermement et de passer enfin de la théorie à la pratique.

— Et qu'est-ce qui vous fait croire que j'en suis capable ?

— Ce n'est pas à moi de le croire, c'est à vous ! Mais plutôt que de vous demander si vous en êtes capable, commencez par vous demander si vous en avez envie. En avez-vous envie, Camille ?

— Euh, oui... Je crois, oui.

Il me sourit avec indulgence, puis m'invita à venir regarder les documents accrochés sur le mur, près de son bureau. Je m'approchai.

Des photos de personnes épanouies, photographiées dans ce qu'on devinait être leur propre affaire florissante, des cartes postales de remerciements envoyées depuis des destinations lointaines et luxueuses, des témoignages de reconnaissance en tout genre...

— Eux aussi, quand ils ont commencé, ils doutaient. Comme vous. C'est normal au début. Ce qu'il faut, c'est une bonne motivation pour se lancer ! Vous sentez-vous motivée pour changer, Camille ?

J'essayai de me sonder les entrailles.

— Oh oui, oui, plutôt ! Même si ça me fait un peu peur, j'ai vraiment envie que les choses bougent ! Comment... Là, c'est très flou !

— Classique. Pour vous aider à y voir plus clair, voulez-vous faire un petit exercice simple qui n'engage à rien, et qui ne prendra que quelques instants ?

— Oui, pourquoi pas...

— Parfait. Je vous propose donc de noter noir sur blanc tout ce que vous aimeriez changer dans votre vie. Je dis bien tout, des choses les plus anodines aux choses les plus essentielles. Ne censurez rien, d'accord ? Est-ce que ça vous convient ?

— Oui, tout à fait.

Il m'installa sur un petit bureau-secrétaire, dans un angle de la pièce, où papiers et stylos de toutes sortes attendaient les postulants-pour-une-vie-meilleure.

— Je vous laisse. Je reviens dans un moment, dit-il avec un sourire encourageant.

Je trouvai l'exercice assez simple et commençai à noter tout ce qui me venait à l'esprit, passant au crible le film de ma vie. Je fus heureuse de voir que les idées fusaient, un peu moins de constater au bout de quelques instants à quel point ma liste s'allongeait. J'étais en train de prendre conscience du nombre d'insatisfactions que j'avais accumulées et j'en éprouvais un choc.

Quand Claude Dupontel revint, il eut la délicatesse de ne pas hausser les sourcils devant la longueur de ma liste. Il dit simplement :

— C'est très bien.

Je ressentis alors le bête petit pincement de joie des collégiennes qui obtiennent une gratification de leur professeur.

N'importe quoi ! Il n'y a vraiment pas de quoi être contente d'avoir une telle liste de frustrations !

Il dut lire dans mes pensées, car il reprit, rassurant :

— Soyez fière de vous. C'est très difficile d'avoir le courage de coucher sur le papier tout ce qui ne va pas dans sa vie ! Vous pouvez vous en féliciter.

— J'ai un peu de mal à être fière de moi, d'une manière générale...

— C'est quelque chose qui peut changer rapidement.

— Difficile à croire, vu d'ici...

— C'est pourtant la première chose que je vais vous demander, Camille : d'y croire. Êtes-vous prête à faire ça ?

— O... Oui... Je crois... Enfin, je veux dire, j'en suis sûre !

— À la bonne heure ! « *Le changement est une porte qui ne s'ouvre que de l'intérieur* », comme disait Tom Peters. Ce qui veut dire, Camille, qu'il n'y a que vous qui pouvez décider de changer. Je peux vous y aider. Mais j'ai besoin de votre engagement total.

— Qu'est-ce que vous entendez par « engagement total » ? demandai-je, vaguement inquiète.

— Simplement que vous vous prêtiez entièrement au jeu de ce que je vous demanderai de faire. Rassurez-vous : rien ne sera jamais ni dangereux, ni hors de votre portée. Nous travaillerons ensemble dans un cadre éthique, respectueux de votre rythme d'évolution. Le seul objectif est de créer en vous des déclics positifs pour accompagner vos changements de vie...

— Et si jamais la méthode ne me plaît pas ?

— Il n'y a aucune obligation à poursuivre. Si vous voulez arrêter, vous arrêtez. Mais si vous décidez de continuer, je vous demanderai de vous impliquer à 400 %. C'est comme ça qu'on obtient les meilleurs résultats.

— Combien de temps dure un accompagnement, en général ?

— Le temps qu'il faut à la personne pour redessiner le projet de vie qui fera son bonheur...

— Hum. Je vois... Encore une question : vous ne m'avez pas parlé du prix et je ne sais pas si j'ai les moyens d'un tel suivi...

— La routinologie a un mode de fonctionnement unique et très particulier à ce niveau-là, mais qui a largement fait ses preuves : vous ne paierez que ce que vous estimerez me devoir, et seulement quand vous aurez réussi. Si ma méthode échoue et que vous n'êtes pas satisfaite, vous ne paierez rien.

— Quoi ? C'est complètement fou ! Comment faites-vous pour vivre ? Et comment êtes-vous sûr que les gens auront l'honnêteté de vous payer un jour ou l'autre ?

— C'est votre vision du monde pour l'instant, Camille. Je peux cependant vous assurer qu'en misant sur la confiance et sur d'autres valeurs comme le partage de connaissances, le soutien inconditionnel, ceux que j'ai aidés se sont montrés plus que généreux avec moi, une fois leurs objectifs atteints... Je crois au potentiel de réussite de chacun, pour peu qu'il respecte sa personnalité et ses valeurs profondes. Il suffit de monter le projet de vie en adéquation avec ce qu'on est vraiment. Cela demande un véritable engagement, de la méthode et beaucoup d'efforts. Mais quelle récompense !

— Vous avez déjà eu des cas en échec ?

— Jamais.

— ...

— Bien. Nous allons nous arrêter là pour aujourd'hui. Je vous laisse réfléchir tranquillement à tout ça. Vous pouvez aussi décider de vous engager dans la première étape pour voir ce que ça donne... Si c'est concluant, vous continuez, sinon, vous arrêtez !

— Je vais y penser, merci, Claude.

Il me raccompagna à la porte et me donna une poignée de main ferme, celle de quelqu'un qui sait ce qu'il veut dans la vie. Je l'enviai.

— Je reviens vers vous très vite pour vous dire...
Au revoir, Claude.

— Prenez votre temps, au contraire. Au revoir,
Camille.

6

Je me retrouvai dans la rue comme étrangère à moi-même : cet entretien m'avait chamboulée. Mes mains tremblaient un peu, et je ne savais pas si c'était de peur ou d'excitation. Tandis que je me dirigeais vers le métro pour rentrer chez moi, les pensées se bousculaient à une allure folle dans mon esprit. À chaque pas, je me remémorais les paroles de Claude, et ma détermination grandissait : « Chacun a un devoir vis-à-vis de la vie, ne croyez-vous pas ? Apprendre à se connaître soi-même, prendre conscience que le temps est compté, faire des choix qui engagent et qui ont du sens. Et surtout, ne pas gaspiller ses talents... Camille, il est toujours urgent de se réaliser ! »

Pendant la soirée, je ressassai ce que ma vie était à ce jour : une planque, celle de mon travail, celle de mes amours... Des cache-misère... Il était temps pour moi de cesser de me voiler la face et d'oser reprendre les choses en main. « *Changez tout, changez tout, pour une vie qui vaille le coup. Changez tout, changez tout, changez tout* », chantait Jonasz. Je devais, moi aussi, en faire ma chanson.

Ma vie de mère était tendue. Entre mon fils et moi, depuis quelque temps, la tension était même électrique. Tout me pesait. Entre la vie scolaire, les activités de loisir et les rendez-vous médicaux, j'avais l'impression de ne plus m'appartenir, de ne pas avoir une minute à moi. Dès que je mettais un pied à la maison, j'étais happée. Faute de pouvoir m'occuper un peu de moi, mon seuil de tolérance avait considérablement baissé. Je m'énervais d'un rien. Surtout pour les devoirs qui, cette année, avaient triplé, sous la coupe d'un maître trop zélé. Déjà fatigué de sa journée d'école, Adrien vivait ce surcroît de travail comme une punition. Ça n'en finissait pas. J'avais l'impression de le tirer comme un âne mort. Je criais. Il explosait. En larmes ou en crise de nerfs...

Excédée, je le laissais en roue libre une fois les obligations scolaires expédiées, et il se ruait sur les écrans. Le choix de la facilité, j'en avais conscience, mais j'avais besoin d'un peu de paix, de décompresser cinq minutes. C'est humain, non ? me disais-je pour me rassurer.

Souvent, il voulait que je vienne voir le monde imaginaire qu'il venait de construire sur Minecraft, son jeu préféré du moment, ou bien une vidéo coup de cœur sur YouTube.

— Je n'ai pas trop le temps, mon chat, il faut que je prépare le dîner...

C'était ainsi. Depuis quelques mois, je ne me sentais pas l'énergie de m'intéresser à son univers, creusant sans m'en rendre vraiment compte un fossé entre nous... Il repartait, alors, déçu et vaguement triste.

— Tu ne fais jamais rien avec moi ! me reprochait-il parfois.

Je me débattais dans les justifications.

— Adrien, essaie de comprendre un peu. Tu es grand, maintenant. Les choses ne se font pas toutes seules ! Et puis, avec tous les jeux que tu as...

— Oui, mais je n'ai jamais personne avec qui jouer... Pourquoi tu ne me fabriques pas un petit frère ?

Et voilà, encore la culpabilisation... Pourquoi serait-on obligée, en tant que femme européenne, de faire 2,01 enfants ? Et si moi, je n'en voulais qu'un seul ?

La pression sociale... Ça aussi, ça m'énervait ! À longueur d'année, on me rebattait les oreilles avec des phrases convenues. « *C'est triste, un enfant unique ! Il doit s'embêter...* »

Sébastien avait été déçu, quand je lui avais avoué que je n'en voulais pas d'autres... Peut-être cela aussi avait-il participé à notre prise de distance ? Ça et la routine. Le travail de sape de la monotonie, de l'ordinaire. À force de ne plus se sentir obligé de paraître, on ne paraît plus du tout. Le laisser-aller gagne du terrain. Il devient même criant, sous notre nez, mais on ne s'en rend même plus compte.

J'en étais là de mes réflexions, lorsque je jetai un coup d'œil à mon mari, étendu sur le canapé, à regarder la télévision d'un œil et à jouer sur son smartphone de l'autre, indifférent à ma présence, et surtout inconscient de mon agitation intérieure. Ce fut l'élément déclencheur. Voilà, je voulais sortir de ce bonheur léthargique, réglé comme du papier à musique, arrêter de me contenter d'une gentille petite vie tellement brossée dans le sens du poil qu'elle avait fini par perdre tout son sens. Oser bousculer le bien-établi, l'attendu, le convenu ! Troquer le rassurant contre l'exaltant ! Bref, appuyer sur la touche « reset » et repartir sur de nouvelles bases.

Je composai un SMS à Claude Dupontel et appuyai aussitôt sur la touche « envoi » comme quelqu'un retire sous lui une échelle : pour être sûr de ne plus pouvoir revenir en arrière. Réfléchir davantage aurait été prendre le risque de reculer.

Je suis décidée à faire un essai, voir ce que votre méthode peut donner. Je n'ai rien à perdre, n'est-ce pas ?

Une demi-heure plus tard, je tressaillis en entendant le bip de mon portable.

Bravo pour ce premier pas, Camille. C'est celui qui coûte le plus, mais vous ne le regretterez pas, j'en suis sûr. Guettez votre courrier. Vous y recevrez mes premières instructions. À bientôt, Claude.

J'étais contente. Excitée. Inquiète. Les trois à la fois.

Je passai une nuit agitée, rêvant que je dévalais une pente à ski à une allure trépidante, folle de joie, jusqu'à ce que je me rende compte que malgré toutes mes tentatives, je n'arrivais plus à m'arrêter... Je me réveillai en nage et glacée de frayeur.

La journée me parut interminable, tant j'avais hâte de rentrer chez moi pour ouvrir ma boîte aux lettres. Déception. Elle était vide.

Tu es trop impatiente, ma pauvre Camille ! Tu n'es pas sa priorité.

Le lendemain, elle était vide encore. Nouvelle déception.

Bah, ça ne fait même pas quarante-huit heures...

Le surlendemain... Vide !

Je rongeais mon frein. Mon excitation s'était muée en frustration. Quand est-ce que ça allait enfin débuter ? Au bout de huit jours d'attente fébrile, je craquai et téléphonai à Claude. Son assistante me répondit de sa voix charmante, programmée pour calmer toutes les impatiences.

— Désolée. M. Dupontel est en rendez-vous toute la journée. Je peux lui communiquer un message ?

— Euh, oui, merci. Je voudrais savoir quand mon programme va commencer.

— Que vous a-t-il dit, la dernière fois que vous l'avez vu ?

— D'attendre ses instructions qui arriveraient par courrier.

— S'il vous a dit ça, alors, il n'y a qu'à attendre. Au revoir... Excellente journée.

Cette fois, sa voix fleurie m'horripila. Je raccrochai, dépitée, trépignante, prête à torpiller le premier magazine qui me tomberait sous la main pour le réduire en boulettes de papier.

7

Trois jours plus tard, je reçus – enfin ! – le courrier tant attendu. Onze jours de patience. Je tâtai l'enveloppe, légèrement rembourrée, essayant fébrilement de découvrir ce qu'elle contenait.

À l'intérieur, je découvris une chaîne que je reconnus tout de suite comme étant un collier Charms. Un adorable petit pendentif en forme de lotus blanc y était accroché.

Je dépliai vite le petit mot manuscrit de Claude, écrit sur une feuille pliée en quatre.

> Bonjour Camille,
>
> Je suis heureux de votre décision de repartir à la conquête de votre vie ! Je crois en vous et vous souhaite d'ores et déjà bon courage pour arriver à vos fins. En signe de bienvenue et d'encouragement, je vous offre ce premier Charms en forme de lotus blanc. Chaque fois que vous aurez franchi une étape décisive, un " palier de changement ", vous recevrez un nouveau lotus Charms, d'une nouvelle couleur. Comme en arts martiaux, le code couleur correspondra à la

montée d'un niveau : blanc, débutant, puis jaune, vert, bleu, violet... jusqu'au lotus noir qui marquera votre stade ultime de changement. Il sera l'indication que vous aurez atteint tous vos objectifs...

Je fis tourner le pendentif entre mes doigts, séduite par le principe, puis poursuivis ma lecture :

Ces derniers jours, sans que vous le sachiez, l'initiation a déjà commencé et vous a appris la première leçon : ne jamais rester dans l'attente et la passivité. Vous avez passé votre temps à guetter mes instructions, pour que je vous dise quoi faire. Or, vous pouviez déjà commencer à agir par vous-même. Souvenez-vous bien, Camille : vous êtes la seule et unique personne qui peut faire bouger votre propre vie. Le mouvement doit partir de vous. Je serai un guide, mais n'accomplirai rien à votre place. Notez sur un post-it cette phrase que vous regarderez chaque jour :

"Je suis la seule personne responsable de ma vie et de mon bonheur."

Voici maintenant votre première mission : l'opération "blanc". Vous allez procéder à un ménage in/out intégral. Je m'explique : ménage in, ménage intérieur. Il s'agit d'identifier dans votre environnement tout ce qui vous paraît toxique, néfaste, sclérosant dans vos relations et votre organisation. J'appelle ça de l'écologie personnelle ! Vous ferez parallèlement un grand ménage out, ménage extérieur, chez vous : vous jetterez au moins dix objets inutiles, rangerez, trierez et améliorerez votre intérieur de toutes les façons possibles. Apportez-moi les photos la prochaine fois. Vous avez quinze jours. Entre-temps, vous pouvez bien sûr me confier, si besoin, vos difficultés par mail ou SMS. Je prendrai toujours le temps de vous répondre. Bon courage et à bientôt !

La lettre m'échappa des mains. Quel programme ! L'idée de me transformer en Madame Propre ne me faisait pas vraiment fantasmer. Et vu l'état de la maison, je partais de très loin... Sans parler du manque de temps. Je n'aurai jamais le temps ! Je rentrais toujours assez tard du travail pour compenser mes horaires partiels ; quant au mercredi, mon soi-disant jour libre, c'était un véritable marathon d'activités périscolaires et médicales pour Adrien ! Claude avait oublié un petit détail : je n'étais pas femme au foyer ! Je n'avais pas des journées entières devant moi !
Je lui fis aussitôt part de mon inquiétude par SMS :

Bonjour. Mission Grand Blanc trop difficile. N'aurai jamais le temps ! Que faire ? Cordialement, Camille.

Je guettai sa réponse. Elle me parvint dans un email que je reçus plus tard dans la journée :

Chère Camille,

Le temps, en soi, n'est pas un problème. Seul le mental peut en être un. Si vous vous persuadez que le temps est un problème, il en sera un. Si, au contraire, vous êtes convaincue que vous réussirez à en dégager, il y a de fortes chances que vous y parveniez. Essayez... Vous verrez, votre cerveau croit ce que vous lui dites. Mais ne vous en faites pas, nous aborderons largement ce thème du mental et de la pensée positive prochainement... Pour l'instant, voyez déjà comment vous atteler à votre tâche par quart d'heure ou demi-heure, le soir, le week-end. Et rappelez-vous : l'énergie appelle l'énergie. Les premiers jours, ces efforts vous sembleront très difficiles, puis de moins en moins. Plus vous en ferez, plus vous aurez envie d'en faire ! Bon courage, Claude.

Il voulait que je fasse mes preuves en me transformant en Rocky des plumeaux ? OK. J'allais lui montrer de quoi j'étais capable !

Le soir même, sitôt Adrien couché, je m'armai pour une bataille sans merci contre la poussière et le désordre. En rentrant du bureau, j'avais acheté une armada de sacs-poubelle de cent litres et de produits ménagers en tout genre. L'huile de coude allait couler à flots, vous pouvez me croire !

Sébastien suivit ce manège de ménage avec des yeux ronds où brillait une lueur railleuse et où je lisais un certain scepticisme. Ça m'était bien égal ! Rien n'aurait pu m'arrêter dans mon élan de tornade ménagère. Enfin, rien jusqu'à ce que j'ouvre le placard du couloir... Là m'attendaient un monceau de papiers débordant de cartons écornés, parfois même éventrés, un bric-à-brac d'objets inutiles dignes des plus improbables brocantes, depuis la poupée bannie jusqu'à la lanterne photophore de jardin alors qu'on n'a pas de jardin, des piles de vêtements aussi chancelantes que des châteaux de cartes, des affaires trop petites, trop grandes, trop usées, des pulls à trous, des pulls à mites, des pulls à bouloches, des raquettes de badminton encastrées dans un stepper jamais utilisé, des boîtes à souvenirs avec le briquet d'un concert oublié, des lettres pas ouvertes, des lettres ouvertes de gens dont on a oublié le visage, des lettres de gens qu'on aime et à qui on a oublié de le dire, un paquet de mouchoirs marqués SNIF trouvé dans un magasin de gadgets à la lointaine époque de sa période fleur bleue, la photo de son premier jules, dont on se demande bien comment on a pu en être amoureuse, un carnet de notes de quatrième, un petit pochon de dragées de son mariage toutes collées et baveuses avec le temps mais qu'on garde quand même, parce que quand même...

Je sortis tout du placard, et devant cet immense monticule plein de poussière, je l'avoue, je faillis jeter l'éponge. Mais au fur et à mesure que j'élaguais, c'était fou, je récupérais de l'espace vital dans mon esprit ! Cette « thérapie par le vide » me faisait le plus grand bien.

Soir après soir, je gagnais ainsi du terrain sur le désordre. Je traquais les mauvaises-surprises-de-derrière-les-meubles, les recoins oubliés, les objets qu'on n'osait plus jeter tant on était habitué à les voir... Adieu poussière rebelle, indignes poils dans le lavabo, calcaire récalcitrant et joints pas-la-joie ! Sans relâche, sans fléchissement, je finis par obtenir une belle récompense. À la fin de la semaine, la maison ressemblait presque à un appartement témoin. Je jubilais.

— Eh bien, on ne t'arrête plus, commenta Sébastien avec une pointe d'ironie feinte, dans laquelle perçait maintenant une certaine admiration.

— Ça fait du bien, non ?

— Oui, oui, ça fait du bien. C'est juste un peu... surprenant que ça te prenne d'un coup, comme ça !

Quoi ? Il aurait fallu lui envoyer un avis de transformation avec accusé de réception ? Il y avait aussi des lenteurs de procédure dans l'art du bonheur ménager ? Sa tiédeur face au changement m'agaçait ! J'aurais voulu qu'il s'enthousiasme, qu'il participe... Pourquoi me donnait-il toujours l'impression d'être spectateur de notre vie conjugale ? J'avais envie de le secouer, de lui dire qu'il était urgent de changer des choses, que cet immobilisme m'étouffait et effritait mes sentiments pour lui aussi sûrement que la houle grignote les bords d'une falaise...

Le week-end suivant, je décidai tout de même mes hommes à donner un coup de frais à notre intérieur.

Direction Décorama. Je me réjouissais de cette ultime étape, la déco, cerise sur le gâteau de mon opération Grand Blanc. Rapidement, néanmoins, je compris que ce ne serait pas la partie de plaisir escomptée. Divergences absolues de motivations. Tandis que je rêvais de lambiner devant chaque étal pour débusquer les bonnes idées, Sébastien, lui, avait l'intention de parcourir le magasin au pas de course, afin d'en finir au plus vite. À l'écouter, le premier pot de peinture aurait fait l'affaire. Je le traînai donc, soupirant et trépignant d'impatience à travers les rayons tandis que j'essayais tant bien que mal de jeter un coup d'œil aux articles, le manteau pendu au bras droit, Adrien pendu au gauche. Il ne trouvait rien de plus rigolo que de toucher à tout, à mon grand dam. Écumant de chaud et d'énervement, j'entrevis enfin le rayon peintures. C'était le moment ou jamais de remotiver les troupes ! J'espérais que les pots de couleurs aux noms évocateurs réjouiraient leur imagination et qu'ils feraient enfin montre d'un peu d'enthousiasme en choisissant la couleur de leur chambre.

Pour Adrien, ça marcha du tonnerre : il choisit un vert « jeunes pousses », un esprit pelouse tout à fait raccord avec sa passion pour le foot. Sébastien se montra beaucoup plus hésitant et, de guerre lasse, finit par opter pour un « café glacé » et un « nougat satin ». J'étais contente pour deux, c'était déjà ça.

L'étape de la caisse mit si bien mes nerfs à l'épreuve que je me demandai un instant si je n'allais pas repartir tout compte fait les mains vides et tout planter là. Une personne bloquait la file à cause de vis achetées au détail dont personne ne retrouvait le prix. Un conseiller quincaillerie fut demandé à notre caisse. Je m'imaginai avec une certaine délectation ce monsieur en train de manger une à une ses petites vis. Mais le plus vicieux restait quand même la machiavélique imagination du service marketing qui avait ourdi l'installation de ces satanées tentations de dernière minute sous le nez des enfants électrisés par l'impatience. Des bonbons, des piles, des lampes torches... Naturellement, Adrien voulut quelque chose rien que pour le plaisir de prendre quelque chose, et me fit une brillante démonstration de l'utilité d'un tel achat. J'étais partagée entre un agacement grandissant et une certaine fierté devant le potentiel de sa force de conviction.

Pour la paix des ménages, je capitulai sur un paquet de tic-tac à la pomme.

— Yes ! fit-il avec le geste adéquat.

Enfin, ce fut à nous. Les sacs remplis, la sortie, l'air frais, le parking, le bruit du coffre qui claque, Adrien voulant qu'on monte le son et chantant à tue-tête, en mode *I am The Voice*... Notre silence dans le bruit...

Le reste du week-end se passa entre bâches, rouleaux, kilomètres de sopalin, vieux T-shirts maculés de peinture, pizza-party et camping sauvage au milieu du salon. Et puis, la récompense : un chez-nous flambant neuf et nous-mêmes, les narines saturées de l'odeur de la peinture fraîche, les membres endoloris d'avoir dû multiplier les couches, mais heureux. Tout simplement heureux.

8

J'envoyai dans la semaine les photos de mes aménagements à Claude, qui salua le résultat. Puis il m'envoya un email qui m'expliquait comment passer à l'étape suivante : le ménage intérieur, étape qui devait me permettre d'identifier puis de me débarrasser de tout ce qui polluait mon environnement et ma relation aux autres.

Vous savez, Camille, la vie, c'est comme une montgolfière. Pour aller plus haut, il faut savoir se délester et jeter par-dessus bord tout ce qui empêche de nous élever.

Au-delà de la métaphore, il me demandait d'écrire un élément de ma vie dont je ne voulais plus par page A4.

Venez avec tout ça mercredi à 14 heures, si ça vous convient, au parc André-Citroën dans le 15e. Bonne soirée !

Quelle idée est-ce qu'il avait derrière la tête ? Quoi que ce soit, j'étais certaine que ça vaudrait le détour... Par moments, je me demandais où tout ça allait me mener. Je me sentais assez bousculée, et j'en avais parfois des nœuds dans l'estomac. N'allais-je pas regretter ma petite vie tranquille, sans grosses prises de risques, certes, mais sans remous non plus ? Non. Définitivement non.

Je repris la lecture de son email qui comportait une pièce jointe et un post-scriptum :

Je vous joins un schéma très intéressant pour inspirer votre nouvel état d'esprit. Il s'agit du **cercle vertueux versus le cercle vicieux**. Qu'en pensez-vous?

Je cliquai sur la pièce jointe et découvris deux graphiques joliment présentés :

Cercle vicieux : pensée négative > attitude physique voûtée, mollesse > manque d'énergie, tristesse, découragement, peurs > laisser-aller, incapacité à prendre soin de soi > mauvaise estime de soi, « je suis nulle, je n'y arriverai pas » > repli sur soi, peu d'ouverture aux autres > sensation d'être dans une impasse > vision floue, perspectives incertaines. Échec, objectifs non atteints.

Cercle vertueux : pensée positive ou « faire comme si » > attitude physique dynamique (dos droit, menton relevé, sourire) > entrain, enthousiasme communicatif > capacité à prendre soin de soi (bien manger, faire de l'exercice, se faire plaisir) > bonne estime personnelle, « j'ai de la valeur, je mérite d'être heureuse » > ouverture aux autres, opportunités, réseau, possibilités de rebondir > créativité, regard constructif sur la situation, solutions > réussite. Atteinte des objectifs fixés.

Pensive, je méditai sur ce graphique des plus parlants. Je commençais à saisir l'idée générale, et je pris conscience que jusque-là beaucoup de mes attitudes me situaient du côté du cercle vicieux. Une façon de mesurer le chemin qu'il me restait à parcourir !

Le mercredi se fit attendre. J'avais hâte de découvrir ce que Claude m'avait préparé et traversai le parc André-Citroën à pas vifs pour gagner le point de rendez-vous, au pied de la serre monumentale. Dire que j'habitais Paris et que je ne connaissais pas cet écrin végétal ! Tandis que j'empruntais les allées, je dévorais des yeux, ébahie, la luxuriance de la végétation et la beauté des mises en scène aquatiques, sans parler de la multitude d'arbres exotiques et de plantes rares... Cette balade m'enchantait les sens et me disait à quel point la nature était par trop absente de ma vie. Un article fort intéressant du Dr Ian Alcock de l'école de médecine d'Exeter (Royaume-Uni), publié dans *Environmental Science & Technology*, me revint alors en mémoire. Le Dr Alcock y étudiait le rapport évolutif de la santé mentale avec trois facteurs indépendants : le mariage (dont la courbe de satisfaction partait d'un point élevé et baissait avec les années), le loto (dont la courbe s'affolait au début pour rester stagnante jusqu'à la fin) et la nature (dont la courbe augmentait très nettement dès le départ et n'arrêtait plus d'augmenter). Sa conclusion : plus que le mariage ou le loto, la nature apportait un bienfait mental quotidien et durable aux personnes qui la côtoyaient. Voilà qui allait m'encourager à me mettre au vert !

Je guettais Claude et reconnus bientôt sa silhouette, grande, élancée, sa démarche assurée, son style élégant sans être guindé... Mais ce qui me frappait toujours, c'était la bienveillance de ce visage ouvert et le pétillant de ce regard que seule une personne habitée de l'intérieur peut avoir.

Il m'impressionnait.

Nous nous serrâmes chaleureusement la main. Il prit de mes nouvelles tout en m'entraînant à travers le parc.

— Où allons-nous ?

— Là-bas, vous voyez ?

— Où ça, là-bas ? Sur la pelouse ?

— Non, juste derrière.

Je ne voyais pas où il voulait en venir. Je n'apercevais rien, hormis l'énorme ballon Generali. Je réalisai soudain.

— On ne va quand même pas... ?

— Si, si. On va, répondit-il avec une lueur espiègle dans le regard. Vous avez bien pris vos papiers avec tout ce que vous ne vouliez plus ?

— Oui. Tout est là.

— Très bien. Montrez-les-moi...

Il lut chacun de mes feuillets avec attention.

Je ne veux plus être trop gentille.

Je ne veux plus me suradapter aux autres pour leur faire plaisir.

64

Je ne veux plus attendre passivement que des choses m'arrivent.

Je ne veux plus qu'Adrien et moi nous disputions tout le temps.

Je ne veux plus avoir quatre kilos de trop.

Je ne veux plus négliger mon image.

Je ne veux plus laisser ma vie de couple aller à vau-l'eau.

Je ne veux plus être frustrée par mon travail.

Je ne veux plus faire dépendre mes décisions importantes de l'avis de ma mère.

Je ne veux plus laisser mes rêves au placard.

— Je vois que vous avez bien travaillé, commenta-t-il. Bravo... Avant de nous élever dans les airs, nous allons faire un peu de travaux pratiques. Je vais vous montrer comment fabriquer de jolis avions en papier...

Décidément, cet homme était fou. Mais il commençait à bien me plaire !

Malgré la bizarrerie de la tâche, je m'exécutai sans mot dire.

— Et voilà ! déclara Claude, quand j'eus terminé. Nous avons une vraie flotte aérienne. Nous pouvons monter à présent.

Je le suivis dans la nacelle, pas très rassurée, et lorsque le ballon se mit à s'élever, je m'agrippai à lui.

— Tranquille, Camille, tout va bien se passer...

Piquée au vif, je me redressai pour chasser mon appréhension et concentrai mon regard sur l'horizon. La peur me tiraillait l'estomac, mais j'écarquillais tout de même les yeux pour ne rien perdre de l'expérience. Je sentais mon cœur battre plus fort dans ma poitrine et me demandais comment mon corps allait réagir, si j'allais avoir le vertige.

— Soyez attentive à tout ce que vous ressentez pour pouvoir décrire vos impressions tout à l'heure, d'accord ?

Je ne lâchai pas le bras de Claude pendant toute l'ascension qui se fit sans à-coups ou presque. Finalement, je fus surprise de voir que j'avais moins le vertige que je ne le pensais. Je ressentis bien un léger appel du vide, une sécheresse dans la bouche et les mains tremblantes, mais j'étais là et je gérais.

L'expérience était saisissante et la vue, à couper le souffle. J'en avais presque les larmes aux yeux, tant c'était beau. Par-dessus tout, je prenais conscience de ce que j'étais en train de faire. J'étais capable de m'élever à cent cinquante mètres du sol, de dépasser mes peurs ! Une fierté euphorisante m'envahit, dessinant un incontrôlable sourire sur mon visage.

— Ancrez, Camille, ancrez ! me souffla Claude à cet instant.

Voyant que je ne comprenais pas, il m'expliqua le principe de **l'ancrage positif**, une technique qui permettait de retrouver quand on le voulait l'état physique et émotionnel vécu lors d'un moment heureux.

Il me fallait d'abord poser mon ancre liée à un moment fort de ma vie. Puis associer un mot, une image ou un geste à cet instant de sérénité et de bonheur. Aujourd'hui, dans ce ballon, je choisis de me pincer fortement le petit doigt de la main gauche.

Par la suite, avec de l'entraînement, je pourrais réactiver mon ancre quand j'en aurais besoin, en reproduisant le geste associé à l'ancrage et retrouver ainsi le même état émotionnel positif.

Je demandai quand même à Claude plus de précisions pour réactiver l'ancrage, pour m'assurer que j'avais compris le processus. Oui, c'était bien ça : pour ressentir à nouveau cette sensation de sérénité, de confiance, il me faudrait aller rechercher le souvenir de cet instant, de cet intense ressenti. En me replaçant dans un endroit calme et confortable, seule, concentrée, détendue, les yeux fermés même, si ça peut aider, je pourrais effectuer alors une visualisation mentale, en repensant à ce souvenir particulier, en revoyant la scène et en me remettant vraiment dans les sensations physiques et émotionnelles. À ce moment-là, le geste associé pourrait être réitéré (me pincer fort le petit doigt, pour ce cas), afin d'intensifier la montée d'émotions positives.

— À pratiquer souvent pour que l'ancre soit efficace, précisa Claude.

J'étais encore un peu sceptique, mais lui promis d'essayer.

— L'heure est venue d'envoyer valser par-dessus bord vos petits avions, annonça-t-il encore, et de dire adieu à tous ces poids ! La symbolique du geste est très importante...

Sous son regard complice, je lâchai donc un à un mes avions de papier et me sentis soudain libérée. En jetant toutes ces choses dont je ne voulais plus, je renforçais ma détermination à changer. J'avais actionné le levier d'un processus de transformation dont je ne mesurais pas encore toutes les conséquences. Une chose était certaine, cependant : il était trop tard pour reculer. J'allais devoir assumer ! Pour l'heure, je voyais virevolter mes petits bouts de papier avec délectation. Zou, bye bye, mes poids ! Tremblez ! Vous vivez vos dernières heures. Je m'amusais follement.

Lorsque nous fûmes de nouveau sur la terre ferme, Claude me proposa d'aller boire un café.

— Alors, Camille, vous êtes fière de vous ?

— Je crois, oui...

— Ah non, mieux que ça !

— OUI ! Je suis fière de moi, m'exclamai-je alors avec plus de conviction.

— Voilà qui est mieux, dit-il tout en allongeant son café avec le carafon d'eau chaude qu'on lui avait remis. Le meilleur moyen de muscler votre affirmation de soi, c'est d'apprendre à être votre meilleure amie ! Vous devez vous valoriser, avoir de la compassion et de l'indulgence pour vous-même, et vous donner le plus souvent possible des signes de reconnaissance... Vous me promettez de le faire ?

— Je peux toujours essayer ! Mais est-ce que je ne vais pas avoir les chevilles qui enflent, après ? plaisantai-je.

— Avec vous, il y a de la marge, répondit-il du tac au tac. Et à ce propos, comme exercice pour le début de semaine prochaine, vous m'enverrez la liste de toutes vos qualités, de tout ce que vous savez bien faire et de toutes les expériences les plus réussies de votre vie... Ça marche ?

— Rien que ça ! Remarquez, la liste risque d'être courte !

— Ah, Camille... Camille... Si vous recommencez, j'ajoute des gages, attention ! Bon, d'accord... Au début, vous aurez peut-être du mal à trouver, mais plus votre cerveau sera entraîné à chercher le positif en vous, plus il le trouvera facilement. Si, si, vraiment. Oh, et je voulais vous donner ceci...

Il fouilla dans sa poche pour en extraire une petite boîte. Je ris intérieurement en songeant que, de loin, on pouvait croire qu'il allait me demander ma main en m'offrant une belle bague, ce qui m'excitait assez. Ce n'était pas une bague, mais un joli lotus jaune. Le deuxième Charms. Il considérait donc que j'avais franchi un nouveau palier du changement. J'eus du mal à cacher la bouffée de fierté qui monta en moi et me chauffa les joues. Les yeux brillants, je le remerciai, et enfilai le pendentif sur la chaîne, où il rejoignit le premier.

Claude reçut un coup de fil qui l'obligea à partir rapidement. Avant de me quitter, il me glissa entre les doigts un petit bout de papier et s'en alla sans se retourner. Quel homme étrange !

"Tout est changement, non pour ne plus être, mais pour devenir ce qui n'est pas encore." Épictète. Et si vous me dessiniez le portrait de la Camille que vous voudriez devenir ? À très vite, Claude.

9

La Camille-en-devenir bûchait sec.

Claude avait demandé la liste de toutes mes qualités, de tout ce que je savais bien faire et de toutes les
expériences les plus réussies de ma vie... Je passai
donc mon temps libre, dans les jours suivants, en spé-
léologie introspective et sondai les cavités de mon
âme pour tenter d'en extraire les matières premières
demandées par Claude.

Solidement encordée pour descendre dans le puits
étroit des souvenirs, j'avançai à la lumière confuse de
ma mémoire.

Expériences positives, qualités personnelles... Au
début, le trou noir ! Puis, petit à petit, elles refirent
surface, reprirent forme à mes yeux.

Pour m'aider, je gardai sous les yeux la liste de qualités que Claude m'avait envoyée. Je me demandais
lesquelles je pouvais m'attribuer...

Accueillante, ambitieuse, audacieuse, autonome,
aventureuse, calme, combative, conciliante,
confiante, créative, dévouée, diplomate, directe,

disciplinée, discrète, douce, dynamique, efficace, empathique, endurante, énergique, esprit d'équipe, extravertie, fidèle, flexible, franche, généreuse, honnête, imaginative, indépendante, innovatrice, intelligente, intuitive, joviale, juste, leader, maître de soi, méthodique, motivée, observatrice, obstinée, optimiste, ordonnée, organisée, originale, ouverte d'esprit, patiente, persévérante, polie, polyvalente, ponctuelle, précise, prudente, pugnace, réservée, résistante, responsable, rigoureuse, rusée, sensible, sérieuse, serviable, sociable, soigneuse, spontanée, stable, stratège, tenace, tolérante, travailleuse, volontaire.

Accueillante, oui. Ambitieuse, pas assez ! Conciliante, un peu trop. Créative, je l'étais autrefois... Sensible, oui, on ne se refait pas. Sérieuse et travailleuse, par la force des choses ! Généreuse, empathique... plutôt, oui.

Quant à mes expériences de vie les plus marquantes en termes de réussite, outre la naissance de mon fils, bien entendu, il n'y en avait pas eu tant que ça. Cette fois, peut-être, où j'avais décroché un 19/20 en arts plastiques et où mon professeur m'avait si chaleureusement félicitée, me disant qu'il fallait que je continue, que j'avais du talent... Je m'en souvenais encore avec émotion. Oui, là, je m'étais vraiment sentie reconnue. Il y avait aussi ce jour où j'avais décroché mon diplôme supérieur de Commerce, et que j'avais annoncé la bonne nouvelle à ma mère par téléphone... Mais était-ce vraiment ma joie ou la sienne ? Il faudrait que j'en parle avec Claude...

Quant au portrait de la Camille que j'aimerais devenir, il ressemblait pour l'instant à une pâle esquisse. J'écrivis beaucoup, toutes les idées qui me vinrent, et pressentis que même si tout cela était encore flou, le processus était activé et que les choses ne manqueraient pas de s'éclaircir.

Tandis que je procédais à ce travail identitaire de fond, Claude m'envoyait presque quotidiennement des trucs et astuces pour m'aider à aller dans le sens du cercle vertueux.

Ainsi, un matin, réveillée depuis à peine dix minutes, je ne m'étonnai pas d'entendre retentir la sonnerie familière de mon téléphone, m'annonçant la réception d'un SMS.

Bonjour, Camille. Aujourd'hui, vous teinterez votre journée d'humour et de légèreté. C'est plus facile pour affronter les petits tracas. :) Testez une séance de grimaces devant le miroir : c'est bon pour le moral et contre les rides. Tirez la langue dans tous sens, criez Wazaaaa, mimez une grande tristesse et une grande joie comme le mime Marceau, récitez les voyelles en forçant le trait, amusez-vous ! @+ Claude.

Je souris. Son exercice me tentait, mais ça me parut tout de même un peu bizarre de faire le clown dans la salle de bains. Au début, je n'y allai pas franchement, puis au fur et à mesure, je réussis à me lâcher, jusqu'à m'en donner à cœur joie. Mon fils m'observait dans l'embrasure de la porte, stupéfait.

— Mais qu'est-ce que tu fais, maman ?

— De la gymnastique de zygomatiques, lui répondis-je avec aplomb.

La réponse l'étonna sur l'instant, mais les enfants ont une faculté étonnante à s'approprier très vite même les idées bizarres.

— Ça a l'air marrant, me répondit-il avec un air sérieux de critique chez *50 millions de consommateurs*. Je peux essayer moi aussi ?

Je l'invitai à me rejoindre devant le miroir et nous formâmes un duo de mimiques faciales de haute voltige. Adrien montra une créativité incroyable dans l'exercice et je lui décernai sans hésitation la palme de clown d'honneur. Ravi de ce titre honorifique, il fut d'une humeur enjouée pendant tout le petit déjeuner, que pour une fois nous prîmes ensemble en papotant, ce qui ne nous était pas arrivé depuis longtemps.

Oui, Claude avait raison. Cela faisait drôlement du bien de commencer sa journée par un peu de rire et de légèreté !

Un autre jour, il m'invita à tester le jeu de **l'appareil photo imaginaire** : un exercice qu'il avait inventé pour m'aider à changer de regard sur ma réalité, en changeant mon **filtre de perception**.

— Quand vous sortirez, au lieu de vous focaliser sur les choses désagréables, laides ou contrariantes, vous tenterez de fixer votre attention sur des choses jolies et agréables. À vous de prendre des clichés imaginaires réjouissants dans la rue, dans les transports, partout où vous vous baladerez.

Ainsi, je devais m'entraîner à être à l'affût du Beau. L'expérience se révéla surprenante ! Au lieu d'avoir les yeux rivés sur les mendiants, les passants grincheux, le bébé hurleur, je me surpris à observer la couleur du ciel, l'oiseau joli en train de faire son nid, un couple d'amoureux s'embrasser, une maman faire un câlin à son enfant, un monsieur venir en aide à une dame pour lui porter sa valise dans les escaliers, à écouter le bruissement doux du feuillage...

Cette nouvelle façon de voir m'enchanta. J'enrichissais chaque jour davantage ma collection d'images positives, un album de photos imaginaire qui allait me permettre de me forger une autre image du monde...

10

Au fil des semaines, constatant que mes symptômes de routinite aiguë s'estompaient lentement mais sûrement, je commençai à vraiment croire en la méthode. Ce qui me séduisait le plus, c'était son approche fond/forme. L'idée d'agir tant sur le fond du problème – qui je suis, ce que je veux vraiment – que sur la forme – l'image de soi, la relation au monde et aux autres.

N'avez-vous pas remarqué que l'image qu'on se fait du monde est d'autant plus belle que l'image de soi est bonne ? Sur ce dernier point, hélas, j'avais encore fort à faire... À cause de mes formes mal assumées, question estime de soi, je pratiquais le rase-mottes. Chaque jour, la vue de ma silhouette dans le miroir jetait une zone d'ombre sur mon humeur. En juge implacable, je m'inspectais sous toutes les coutures, devant, derrière, sur les côtés, et condamnais ces surplus adipeux à la perpétuité de mon mépris...

Debout, ça allait encore. Le bouton fermait. C'était assise que l'assaut de la culpabilité me reprenait. Quand les petits bourrelets tentaient de s'échapper d'un 40 un peu trop optimiste...

Alors, parfois, j'essayais de tricher avec ma conscience, de me dire que la matière avait rétréci au lavage ou que le modèle taillait petit... La preuve était là cependant : l'étau se resserrait autour de ma taille... Et puis, je l'avais lancé, ce petit avion en papier, du haut d'un ballon juché à cinquante mètres du sol... J'avais juré noir sur blanc que je ne les voulais plus, ces kilos de trop... Ça engage, vous comprenez !

Je pris donc rendez-vous avec Claude pour mettre l'affaire sur le tapis.

J'attendais depuis quinze minutes, quand la porte s'ouvrit sur un Claude au regard pressé.

— Ah, Camille, suivez-moi... Vous allez bien ? Entrez. Désolé, je n'aurai pas beaucoup de temps à vous consacrer, aujourd'hui. Je vous prends entre deux rendez-vous.

— C'est très gentil à vous, Claude. J'ai juste besoin de vos conseils pour mon objectif de perte de poids...

Il m'écoutait distraitement, tout en continuant de ranger fébrilement les dossiers qui jonchaient son bureau. Il se leva pour les porter dans l'armoire et une feuille glissa de l'un d'eux. Je me levai pour la ramasser. Tiens, bizarre... Un plan de construction avec un tas de cotes et d'annotations... Je la lui tendis. Il me la prit sèchement des mains en marmonnant un remerciement. Il ne semblait pas dans son assiette...

— Ça va, Claude ? Vous semblez préoccupé aujourd'hui ? Je peux repasser un autre jour, si vous préférez ?

— Non, non, tout va bien, Camille. J'ai plusieurs dossiers en cours et je suis un peu débordé, voilà tout, me rassura-t-il aimablement.

Il tassa les dossiers dans l'armoire comme il put, et je m'étonnai de leur nombre. Était-il possible qu'il ait autant de clients ? La routinologie avait donc tant d'adeptes ?

Il revint s'asseoir et caressa machinalement sa petite barbe poivre et sel, comme une femme se passerait la main dans les cheveux : pour se redonner une contenance.

— Bien... Alors, ça y est, vous êtes à point pour attaquer un petit programme minceur ? Parfait. La clé, pour atteindre votre objectif, c'est de bien le cadrer avant de commencer. Vous connaissez **la méthode SMART** ?

— Non, je...

— Vous devez vérifier que votre objectif est **S pour Spécifique** (il ne doit pas rester flou), **M pour Mesurable** (ici, votre indicateur de succès serait par exemple moins quatre kilos), **A pour Atteignable** (défini de manière à pouvoir être réalisé, découpé en une série d'objectifs accessibles, il ne doit pas être « l'inaccessible étoile »), **R pour Réaliste** (pour maintenir une motivation forte, votre objectif doit être cohérent par rapport à votre profil et vos compétences) et **T pour Temps** (vous devez vous fixer une date butoir).

Tandis qu'il me décrivait la méthode, je me voyais en Camille Claudel de l'objectif, un burin imaginaire entre les mains, pour le sculpter, le tailler, lui donner une forme précise... Je chassai cette image pour me concentrer sur le réel.

— Tout ça vous semble clair, Camille ?

— Oui, oui, tout à fait...

— Je vous laisse quelques minutes alors, pour que vous écriviez votre objectif SMART. Je reviens...

Tandis qu'il quittait la pièce sur un sourire, je me levai pour attraper une feuille de papier et un crayon dans le même bureau-secrétaire que lors de ma première entrevue. Je trouvai aisément une feuille, mais les crayons avaient été rangés... J'ouvris alors machinalement le tiroir, et tombai sur un cadre photo. Je reconnus le décor de Central Park, à New York. Deux hommes posaient devant l'appareil dans une attitude fraternelle. Le contraste entre les deux était saisissant : l'un respirait l'assurance, la force et la réussite, l'autre, malgré sa haute stature, semblait presque fragile. Un colosse aux pieds d'argile. Des ombres volaient dans ses yeux voilés de tristesse. Il me parut avoir un air de famille avec Claude, mais avec vingt kilos de plus ! Un frère peut-être ?

J'entendis des pas dans le couloir et refermai à la hâte le tiroir.

— Ça va, Camille ?

— Euh, oui, il me manque juste un crayon...

— Eh bien, il fallait vous servir ! Tenez, dit-il en m'en tendant un.

— Merci, balbutiai-je, gênée de mon indélicate curiosité.

Tout en réfléchissant à mon objectif SMART, je me demandai qui était l'homme de la photo. Il faudrait que je pose la question à Claude à l'occasion...

Une demi-heure plus tard, je repartais avec mon objectif sous le bras et quatre kilos à désagréger sous la ceinture.

À ce stade, la motivation gonflée comme Vahiné, je pensais que ce serait, si je puis dire, du gâteau. C'était sans compter la guerre froide des cuisines...

11

Dans les jours qui suivirent, je m'armai de courage pour mettre en pratique mes bonnes résolutions.

— Rien que le mot régime fait grossir, m'avait mise en garde Claude. Vous devez donc apprendre à vous faire plaisir autrement.

Il en avait de bonnes ! Comme si on avait déjà réussi à se faire plaisir avec des brocolis vapeur ou du poisson bouilli !

— Pensez aux épices, Camille.

Et pourquoi pas, au fond ? Qu'avais-je à perdre ? Me voilà donc en train de faire une razzia au supermarché du coin et de monter dans la cuisine une armée de Ducros, bien connu pour relever les plats et, espérais-je, le moral des troupes... De l'ail, de la coriandre, du curcuma, du paprika, du curry, du massalé, du poivre gris, du noir, du blanc, qu'importe la couleur pourvu qu'il y ait l'ivresse du goût !

L'ennemi, c'est le fade. Dans la guerre froide de mes plats chauds, je m'initiai aux armes secrètes du manger mieux. La ruse de la papillote en papier sulfurisé, la contribution stratégique de la sauce au yaourt 0 %, la participation héroïque des viandes blanches dans mes plats de résistance...

Résister, tout était là, justement. Car les ennemis guettaient dans l'ombre des placards ! Le paquet de Pépitos espérait sournoisement son heure de gloire. Les palets bretons m'attendaient au tournant, piétinant d'impatience sur leurs petites pattes sablées...

Leurs complices ? La chair de ma chair : mon propre fils ! Je ne pouvais tout de même pas sacrifier sa gourmandise sur l'autel de mes bonnes résolutions ! Pour lui, je devais donc continuer à m'approvisionner en produits défendus dont il se délectait innocemment sous mes yeux au supplice, tandis que je croquais dans une pomme verte irréprochable...

Si ce n'était pas du stoïcisme !

Mais la pire tranche horaire n'était pas celle du goûter. Non. La pire venait avec la tombée de la nuit. Là, l'appel de l'apéro se faisant pressant, impérieux, le danger d'une attaque aux bombes calo-riques atteignait son paroxysme. Des rafales de tenta-tions tentaient de mettre à terre mes sages desseins. Et que dire du Syndrome Coquillette ? Son effet per-vers, analogue à celui de Stockholm, m'amenait à sympathiser avec l'ennemi, à négocier avec ma conscience : oh, juste une cuillerée pour finir l'as-siette du petit...

Cela étant, ma vaillance finit par payer. En quelques jours, je constatai déjà de nettes améliorations. Encou-ragée par ces premières victoires, je m'accrochai de plus belle, entonnant silencieusement l'hymne des sommités de la ligne à la gloire du moins gras, du moins sucré, du moins salé...

Hélas, à peine les trompettes de la victoire commençaient-elles à sonner, qu'un ennemi que j'avais sous-estimé montait à l'assaut : l'ennui.

Au bureau, nous traversions une période de calme plat. La meute se partageait les os à ronger, et mon chef donnait les missions en priorité à mes collègues-à-temps-plein. Les heures duraient trois cent soixante minutes. Peut-être même cinq cents. Des fois mille. Je guettais la pause quatre heures comme Magellan la Terre promise. Bref, je croupissais.

Alors, bien sûr, l'idée de la reddition me taraudait. Juste une fois, oublier le régime... juste aujourd'hui... Qui le saurait ?

Je m'approchai du distributeur, petite boutique des horreurs caloriques. Rien qu'une barre de rien du tout... Où était le mal, après tout ? J'allais glisser ma pièce dans la fente quand mon portable vibra. Un SMS de Claude. Était-ce possible ? Il avait un sixième sens ou quoi ? Je le maudis intérieurement.

Comment ça va ? Vous tenez le coup ?

Je lui répondis en mentant avec aplomb.

Bien sûr. Super. Bon après-midi. Cam'.

Il n'en saurait rien, il n'en saurait rien, me répétais-je, revenant à la machine pour y glisser ma pièce. Mais c'était trop tard. Je sentais sa présence insidieuse partout autour de moi, comme si ses yeux étaient braqués sur ma personne. *Big brother is watching you!*, comme dans le roman de George Orwell. Je vivais le *1984* du régime.

C'était mort pour mon écart. Je jetai un dernier regard triste à la machine et regagnai ma place à pas lents, puis ouvris mon tiroir où m'attendait un paquet d'amandes. Je m'en autorisai cinq, plus une royale Gala. Un festin de fourmi.

Et là, sursaut soudain de rébellion. Ses conseils « santé, bien-être » commençaient à me sortir par les yeux ! Rumination, avec la mauvaise foi la plus flagrante. « *Prenez les gnagnagnaescaliers plutôt que l'ascenseur. Allez faire une gnagnagnamarche à l'heure du déjeuner. Vous pouvez aussi gnagnagnamuscler vos fessiers en restant assise : il suffit de les serrer puis de les relâcher discrètement. Vous vous ennuyez en attendant le métro ? Gnagnagnafaites des petits mouvements sur la pointe des pieds ; décollez vos talons puis relâchez ! Quant aux abdos, pourquoi ne pas les gnagnagnacontracter chaque fois que vous passez une porte, en rentrant le ventre ? Ni vu ni connu !* »

Oui, je sais. J'étais sans doute en pleine phase de résistance. Mais qui n'en aurait pas à l'idée de renoncer à toutes les tentations gourmandes qu'on nous collait sous les yeux à longueur de temps ? Quoi qu'il en soit, j'avais intérêt à me ressaisir, si je ne voulais pas avoir une désagréable impression d'échec au moment de remplir mon **Cahier des engagements** : encore une idée de Claude pour m'impliquer davantage dans mes résolutions et éviter que je flanche ! Sur chaque ligne d'engagement, je devais cocher la case « fait » ou « pas fait ». Et je n'avais aucune envie de me retrouver dans quelques jours devant lui avec une série de « pas fait ».

J'en étais là de mes réflexions lorsque mon cher collègue Franck (en réalité, ma bête noire au bureau) m'interpella :

— Ça va, Camille ? Tu fais une drôle de tête.

— Euh, oui, oui, tout va bien... J'essaie de me concentrer, c'est tout...

— Ah... On aurait dit que tu allais pondre un œuf.

Gnarfgnarfgnarf. Très drôle.

Je n'allais quand même pas lui dire que j'étais en train de me muscler le postérieur ! Déjà qu'il n'en ratait pas une pour me faire enrager.

— En matière d'œuf, regarde plutôt celui que tu as sur le crâne.

Et toc ! Un point partout. À la rougeur qui apparut sur ses joues, je vis que j'avais fait mouche. Je n'étais pas très fière de cette pique, mais il n'avait qu'à pas commencer ! Il ne perdait jamais une occasion de me polluer et j'appréhendais toujours un peu ses coups bas. Il faudrait que j'en parle à Claude.

Comme si nous étions en lien par télépathie, je reçus pile à ce moment-là une demande de chat en ligne sur mon ordinateur.

— Alors, Camille, comment se passe votre programme « jamais sans mon corps » ?

— Pas mal... C'est parfois dur de résister aux tentations...

— Mais vous l'avez fait ?

— Oui.

— Bien ! Il ne faudra pas oublier de le noter dans votre **Carnet du positif**. Je vous en ai déjà parlé ?

— Non, pas encore...

— Ah ! Très important... Achetez-vous un petit répertoire téléphonique et notez-y, par ordre alphabétique, vos petits et grands succès, vos petites et grandes joies. Ainsi, dans quelque temps, vous aurez à votre disposition une collection d'ancrages positifs ! Vous verrez, c'est excellent pour l'estime de soi et la satisfaction personnelle.

Je répondis aussitôt :

— Intéressant ! OK, Claude, je vais y penser.

Je voyais le curseur en forme de crayon s'agiter, signe qu'il était en train de m'écrire une longue réponse. Un petit tintement m'indiqua son arrivée.

— Je compte sur vous pour ne pas « faire que le dire ». Chaque résolution n'est pas anodine. Beaucoup de gens connaissent les bonnes pratiques pour mener une vie plus heureuse, mais ne passent jamais réellement à l'action... Ce n'est pas toujours facile de tenir ses engagements. Paresse, fatigue, découragement, les ennemis guettent ! Mais tenez bon : le jeu en vaut la chandelle.

Je me le tenais pour dit...

12

Plus tard, ce jour-là, en sortant du boulot, je passai devant une librairie, et l'histoire du répertoire me revint en mémoire. L'idée de ce Carnet du positif m'avait plu. Pourquoi ne pas essayer ? Au pire, cela m'occuperait devant la télé... J'entrai, en choisis un de petit format, facile à glisser dans une poche ou un sac, afin de l'avoir toujours sous la main. Ma journée avait été éreintante de rien, j'étais fatiguée, j'avais hâte de rentrer à la maison pour enfin me détendre.

C'était oublier un peu vite la réalité de terrain.

À peine eus-je franchi la porte de chez moi que je sentis peser une ambiance de plomb. Adrien avait sa tête des mauvais jours et me dit à peine bonsoir. La jeune fille que je prenais pour la sortie de l'école et l'aide aux devoirs ne semblait guère de meilleure humeur. En avisant les cahiers étalés en mode champ de bataille sur la table du salon, je devinai les raisons de ce froid. Charlotte ne se fit pas prier, d'ailleurs, pour se plaindre du manque d'attention et de motivation de mon fils. Il gigotait sans cesse, se levait pour un oui, pour un non, voulait manger, boire, se moucher, aller aux toilettes, évoquait un ballet incessant de prétextes pour retarder l'instant de s'y mettre vraiment. Son discours était ponctué de battements de cils irrités et de moues désapprobatrices. Je la remerciai pour ce débrief éclairé, tout en soupirant de lassitude à la perspective du recadrage qui s'imposait.

Un quart d'heure plus tard, ma jauge de patience avait déjà perdu dix points. Adrien, enfermé dans sa logique rebelle, rejetait la faute sur Charlotte : elle s'y prenait mal et en plus, il ne l'aimait pas trop... Voyant que ses arguments ne portaient pas, il modifia sa stratégie et tenta celui du découragement : tout ça, c'était à cause de son maître qui donnait beaucoup trop de devoirs !

J'aurais dû voir que sa coupe de petit bonhomme était pleine, mais à ce moment-là, la mienne l'était aussi, et je ne sus que le punir, en le privant de sa pause tablette. Il s'enfuit dans sa chambre en faisant claquer de frustration la porte derrière lui. Je dus alors déployer des trésors d'imagination et de diplomatie pour calmer le jeu et faire en sorte qu'il se remette à ses devoirs.

Quand Sébastien rentra, j'en étais à préparer le dîner d'une main, à tenir de l'autre un cahier ouvert, et faisais réciter à Adrien la leçon récalcitrante. Sébastien m'embrassa du bout des lèvres et me demanda si ma journée s'était bien passée, sans me regarder. Je crois que si je lui avais répondu : « non, très mal, merci », il n'aurait pas fait attention...

Je sentis alors venir cette pointe d'agacement familière, mais essayai de passer outre. Adrien avait du mal à apprendre par cœur – il comprenait vite, mais fonctionnait à l'intuitif plutôt qu'au méthodique –, et à chaque phrase qu'il écorchait, mon calme s'effritait un peu plus. Son approximation blessait le perfectionnisme que j'avais chevillé au corps.

Sébastien ressortit de la chambre, le col ouvert et la chemise à moitié sortie du pantalon, puis se dirigea vers la salle de bains.

— Mais je rêve ! C'est quoi, ce bazar ? cria-t-il, à peine entré dans la pièce. Qui a tout laissé en plan, comme ça ?

— C'est pas moi ! rétorqua aussitôt Adrien.

Phrase réflexe d'autodéfense très caractéristique chez les enfants.

Je me sentis obligée d'intervenir.

— Laisse... Ça doit être moi, Séb'. Désolée, mais je n'ai vraiment pas eu le temps, ce matin...

Grommellement d'ours dans le lointain de l'appartement.

Charmant !

Il revint dans le salon, son ordinateur portable à la main, et s'énerva de nouveau.

— Et ces miettes sur le canapé ? Adrien ! Combien de fois je t'ai dit de ne pas prendre le goûter là ! C'est pas vrai, ça !

Je lâchai casserole et cahier et le rejoignis, lasse de ces arrivées tendues, distantes, qui commençaient à devenir une habitude chez lui, mais décidée malgré tout à calmer le jeu.

— Laisse, je vais le faire, dis-je.

— C'est bon. JE vais le faire, répondit-il sèchement.

Ça montait, ça montait...

Il épousseta les miettes en poussant de grands soupirs exaspérés, puis s'installa sur le canapé, devant son écran autarcique.

Il avait enlevé ses chaussettes et, je ne sais pourquoi, la vue de ses orteils nus faisant frotti-frotta sous mon nez, sur la table basse du salon, m'irrita davantage. À moins que ce ne soit sa totale indifférence au combat domestique que j'allais, moi, devoir mener, avant d'avoir la chance de me poser un peu. La plupart du temps, je laissais couler, mais ce soir-là, ce fut plus fort que moi. Il fallait que je dise quelque chose.

— Ça va, je ne te dérange pas trop ?

— Qu'est-ce qui se passe encore ? demanda-t-il, irrité.

— Je ne sais pas, moi... Peut-être que j'aurais besoin d'un petit coup de main, par exemple ?

— Un reproche, quoi...

— Alors ça, ça m'énerve vraiment, tu sais ! Je ne t'ai pas fait de reproche, je t'ai demandé un peu d'attention !

— Tu me cries après, maintenant ? Merci. Ça fait plaisir quand on rentre d'une journée de boulot ! Tu m'en as donné, toi, de l'attention, depuis que je suis rentré ?

— Alors ça, c'est la meilleure ! Tu me reproches de m'occuper de ton fils ?

— Ah, tu vois qu'on y vient, aux reproches !

Adrien, sentant l'ambiance se gâter, s'éclipsa dans sa chambre, ravi d'échapper à la récitation.

— Eh bien oui, allons-y ! J'en ai marre de tout me taper toute seule !

— Ah oui, je vois. La petite crise habituelle...

— Quoi, la petite crise habituelle ? Tu rentres, tranquille, tu vaques à tes occupations, tu fais mumuse avec tes petits amis virtuels...

— Tu crois peut-être que je me suis amusé, aujourd'hui ? J'ai bossé comme un dingue, j'ai enchaîné trois réunions, j'ai...

— Parce que, bien sûr, moi, je n'ai pas travaillé ?

— Oui, OK, tu travailles..., concéda-t-il d'un air condescendant.

— C'est quoi, ce ton ? Travailler à quatre-cinquième, ce n'est pas pareil, c'est ça ?

— Ce n'est pas moi qui l'ai dit !

— Mais c'est tout comme ! hurlai-je, à bout. J'en ai marre, débrouillez-vous sans moi, je rends mon tablier !

— C'est ça, pars ! On n'a qu'à divorcer aussi, pendant qu'on y est ! Tu as l'air de ne demander que ça !

Ses paroles me frappèrent comme un boomerang en plein vol. En larmes, j'attrapai mon manteau et quittai l'appartement en claquant la porte.

13

Une fois dans la rue, je levai les yeux vers nos fenêtres et vis mon fils, le visage triste, former un cœur avec les doigts à mon intention, comme s'il se sentait responsable de notre dispute d'adultes. Son petit geste me fit plus que plaisir et je lui adressai à mon tour un sourire chargé de tendresse, avant de m'éloigner, le temps que s'apaise ma tourmente intérieure.

J'espérais ne tomber sur personne. Je n'avais pas envie qu'on me voie dans cet état de hargne et d'énervement. C'est fou, pensai-je, qu'on puisse encore s'inquiéter de son image sociale dans un moment pareil ! J'évitais de croiser le regard des passants ; je me sentais en vrac, bouleversée, et je ne voulais pas qu'ils lisent le désarroi sur mon visage. Pas de témoin de mon marasme...

Je marchai jusqu'à un petit square et appelai Claude.

— Claude ? C'est Camille... Je vous dérange ? demandai-je en reniflant.

Inutile de lui dire que ça n'allait pas. Il le devina d'emblée.

— C'est Sébastien, nous avons eu une scène... J'étais à bout... Comme si on était en complet décalage...

Tandis que je lui racontais, je sentais tout le bien que me procurait la qualité de son écoute. Quel bonheur d'avoir une telle oreille à portée de son chagrin !

— ... En ce moment, il est totalement incapable de m'apporter ce dont j'ai besoin.

— Et de quoi avez-vous besoin ? demanda-t-il du tac au tac.

— Je ne sais pas... Besoin qu'il fasse attention à moi, qu'il soit gentil, tendre... Au lieu de ça, j'ai l'impression de voir un robot rentrer à la maison ! À part râler et se jeter sur son ordi en mode seul au monde, il ne fait rien... J'en arrive même à être jalouse de ses amis virtuels ! Pendant ce temps, le reste peut s'écrouler. Et moi, je suis là, à m'activer dans tous les sens, à gérer Adrien, les devoirs, le dîner... Ce n'est pas juste !

— J'entends, Camille...

— En plus, il passe son temps à me dire que je ne l'écoute pas. Mais c'est faux ! C'est lui qui ne m'écoute pas ! Je ne peux pas en placer une, il ramène tout à lui...

Je marchais de long en large dans le square désert, les nerfs toujours en pelote.

— Ah ! Le jeu du « c'estluiqui »... Très mauvais ! C'est pour ça que vous ne pouvez pas vous entendre : c'est un dialogue de sourds ! Écouter de mauvaise grâce, ce n'est pas écouter... Écouter vraiment, c'est se mettre à la place de ce que l'autre vit, être en empathie. Vous n'imaginez pas à quel point c'est rare, quelqu'un

94

qui sait vraiment écouter ! Je me dis souvent que celui qui sait écouter est le roi du monde. Dans les disputes, mieux vaut ne pas tout prendre pour argent comptant, Camille, mais apprendre à lire entre les lignes pour déceler les émotions authentiques... Derrière un reproche, il se cache peut-être une peur et derrière l'agressivité, de la tristesse ou une blessure encore vive...

Tout en l'écoutant, je resserrai les pans de mon manteau, gagnée par une sensation de froid sans doute exacerbée par l'émotion...

— C'est difficile d'être dans l'écoute bienveillante que vous décrivez ! Vous verriez sa tête quand il me regarde, dans ces moments-là ! J'ai l'impression affreuse qu'il ne m'aime pas !

— Mmm... Intéressant... Et si vous remplaciez « il » par « je » ?

— ...

— Oui, vous avez bien entendu.

— Je... *je* ne m'aime pas, c'est ça ?

— Oui, c'est ça, Camille. Vous avez tendance à interpréter les comportements de votre conjoint à travers le filtre déformant de vos pensées négatives. En ce moment, vous ne vous aimez pas tellement, parce que vous vous êtes mis en tête que vous étiez moins jolie avec vos petits kilos de trop et vos premières ridules... Inconsciemment, vous projetez sur votre mari votre peur de ne plus être aimable. Et tout, dans votre attitude, va faire que ça finisse par arriver ! Vous aurez validé votre scénario noir : vous n'êtes plus désirable, il ne vous aime plus...

Ses paroles frayaient leur chemin dans mon esprit, mais l'apaisement qu'elles distillaient en moi comme une goulée d'eau fraîche fut perturbé par deux hommes qui venaient d'entrer dans le parc. Ils avaient la tête cachée sous des capuches et je suivis leur déplacement d'un regard méfiant. Dans mon agitation, ma soif d'entendre les conseils de Claude, il ne m'était pas venu à l'idée qu'il était peut-être imprudent de m'attarder à la nuit tombée dans ce square désert. Je gagnai la sortie d'un pas rapide, sans toutefois avoir l'air de fuir pour ne pas attirer l'attention sur moi, mais une main s'abattit soudain sur mon épaule. Je criai. Pivotai aussitôt pour me dégager. L'un des deux hommes se pencha vers moi. Un jeune, qui sentait l'herbe à plein nez.

— Vous avez perdu quelque chose, me dit-il en me tendant le foulard habituellement noué à l'anse de mon sac.

— Ah... Merci, balbutiai-je en le lui arrachant presque des mains.

Puis je m'éloignai sans demander mon reste.

À l'autre bout du fil, Claude s'inquiéta.

— Allô, Camille ? Allô ? Vous êtes toujours là ?

Je regagnai en hâte les rues de mon quartier éclairées par les réverbères. J'attendis que les battements de mon cœur se calment pour poursuivre la conversation.

— Désolée, Claude, un petit contretemps. Vous me disiez ?

Pour éclairer le mécanisme de notre dispute, Claude évoqua le principe du **triangle dramatique**. Il m'expliqua comment, dans ce scénario relationnel négatif, chacun pouvait jouer tour à tour un rôle de victime, de persécuteur ou de sauveur.

— Vous comprenez donc que dans un tel schéma, il ne peut pas y avoir d'issue favorable, à moins de sortir du jeu ! Dans votre histoire, voilà le film : lui persécuteur, quand il râle à tout bout de champ ; vous sauveur, quand vous proposez d'enlever les miettes pour lui, puis victime, quand vous vous plaignez de manquer d'aide, persécutrice, quand le dialogue tourne au reproche ; lui à son tour victime, quand il se plaint de son éprouvante journée, etc. Chacun tourne dans les rôles sans trouver d'autre issue que le crescendo inévitable de la dispute ! Or, il existe d'excellents moyens pour sortir du triangle...

— Dites-moi vite !

— Déjà, prendre conscience du scénario pour stopper le jeu et attendre un moment calme et propice pour renouer le dialogue. Ensuite, bien cerner vos besoins pour formuler des demandes directes à votre conjoint, afin qu'il sache en clair et sans décodeur ce que vous souhaitez. Si ce sont des attentes légitimes et raisonnables, il n'y a pas de raison qu'il n'y accède pas.

— Intéressant...

Je serrais le combiné contre mon oreille, tentant d'ignorer le bout de mes doigts gelés. Je changeai finalement de main pour enfourner la première bien au chaud au fond de ma poche.

— Il va falloir aussi apprendre à poser vos limites et à les exposer à votre entourage, poursuivit Claude. Votre profil de personnalité vous conduit très souvent à chercher à faire plaisir : une forme de suradaptation chronique aux désirs de l'autre au détriment des vôtres. Votre nature vous pousse à être beaucoup en empathie, et c'est une bonne chose de se soucier du bien-être d'autrui. Encore faut-il ne pas confondre **empathie sèche** et **empathie mouillée** ! Avec l'empathie mouillée, vous prenez à votre charge le pathos de l'autre, vous absorbez ses émotions négatives et finissez par aller mal, vous aussi ! Avec l'empathie sèche, vous arrivez à entendre et compatir aux problèmes de votre entourage, sans pour autant vous laisser contaminer par son humeur néfaste. Cette sorte de bouclier de protection est très utile pour ne pas se laisser aspirer. Sans compter qu'au bout d'un moment, à force de vous sentir « bonne poire », vous pétez les plombs. C'est ce qui s'est passé, n'est-ce pas ?

J'acquiesçai.

— Ne vous inquiétez pas, il faut juste réajuster le tir. Arrêtez d'être trop gentille ; soyez simplement plus authentique dans vos émotions. Et puis, très important, apprenez à **décoller vos timbres** au fur et à mesure, au lieu d'exploser comme une Cocotte-Minute, ainsi que vous l'avez fait tout à l'heure.

— Des timbres ? C'est-à-dire ? Il va falloir que je lui écrive ?

— Non, non ! Rien de tout ça. Décoller ses timbres, c'est une expression imagée qui signifie qu'il faut dire ce qu'on a sur le cœur au fur et à mesure. Il faut dire à votre mari vos contrariétés au fur et à mesure.

— Je vois...

— Si vous lui faites passer vos messages avec douceur et bienveillance, il n'y a pas de raison pour qu'il ne les écoute pas ! Et puis, à l'avenir, quand vous sentez que la moutarde commence à vous monter au nez, mettez-vous d'accord avec lui sur un **code rouge**.

— Un code rouge ?

— Oui. Convenez tous les deux d'un petit signe que vous vous ferez pour prévenir l'autre qu'il y a danger de dispute ! Nous pratiquons ça avec ma femme et ça marche très bien ! C'est une sorte de *warning*, comme en voiture. Le geste agit comme une lumière qui clignote pour avertir qu'on avance en terrain miné ! En étant ainsi prévenus l'un et l'autre, vous éviterez la montée en cascade de l'agressivité.

Un bip. Le signal d'un double appel. C'était Sébastien, à coup sûr. Est-ce que je décrochais ou pas ? Pas tout de suite. Je lui fis envoyer un message automatique :

Je suis en ligne.

— Camille, vous êtes toujours là ? J'ai entendu un bip.

— Oui, oui, un double appel, ce n'est pas grave, je rappellerai après...

— C'était votre mari ?

— Oui. Mais je vous en prie, poursuivez. C'est vraiment important pour moi d'avoir vos conseils !

— OK, Camille. Mais pas longtemps ! Il faut que vous rentriez chez vous, maintenant, et moi, j'ai un bon journal qui m'attend au coin du feu !

Je ne m'étais pas rendu compte que je l'avais retenu aussi longtemps et je me sentis toute penaude.

— Dernière chose très importante, Camille : apprenez à formuler des critiques sans violence. Pour ça, ne commencez pas vos phrases par des « tu » assassins. J'appelle ça la **mitraillette à reproches** : imparable pour faire sortir l'autre de ses gonds ! Pour dire ce que vous avez à dire, faites plutôt une **F.E.T.E.**

— Je ne vois pas ce qu'il peut y avoir de festif à se disputer !

— Ce sont des initiales : **F**, vous rappelez les **faits** qui vous ont contrariée. **E**, vous exprimez votre

99

émotion, ce que vous en avez ressenti. **T** et **E**, vous proposez un **terrain d'entente**, une solution gagnant-gagnant pour les deux parties. En reprenant le scénario de votre dispute, ça pourrait donner ceci : « Quand tu as sous-entendu que je travaillais moins que toi (le fait), j'en ai éprouvé de la peine, je ne me suis pas sentie valorisée (l'émotion ressentie), or j'ai vraiment besoin de tes encouragements et que tu sois fier de moi, tout comme toi sans doute. Je pense que nous devrions nous donner plus souvent des signes de reconnaissance pour que chacun de nous se sente valorisé pour tout ce qu'il fait pour la famille (la piste d'amélioration, constructive pour les deux parties). Ainsi, on éviterait les pesanteurs et les malentendus. Qu'en penses-tu ? »

— Ah ! Pas mal. Mais ça ne fait vraiment pas naturel comme procédé.

— Qu'est-ce qui est le plus important : être naturel ou éviter l'escalade de l'agressivité ?

Je souris.

— Ok, Claude, j'ai compris le principe. Mais comment je vais rattraper le coup, maintenant ? Quand je l'ai quitté, il était furieux. Il a même parlé de divorce !

— Bah, il a dit ça sous le coup de la colère... Je suis sûr que si vous lui tendez la main de la réconciliation, il sera bien content de la saisir, vous verrez. Faire un pas vers l'autre, ça paraît si simple, et pourtant si peu de gens le font. C'est pour ça qu'il y a tant de divorces. Quel dommage ! Que d'amours gâchées alors qu'avec un peu d'effort elles pourraient repartir de plus belle ! Il faut dire que, dans notre société d'hyperconsommation, on préfère jeter plutôt que réparer. « *Les grands bonheurs viennent du ciel, les petits bonheurs viennent de l'effort* », dit un proverbe chinois.

— Ah, Claude ! Je suis si triste, parfois... J'ai l'impression que le voile gris a remplacé le voile blanc...

— Encore une pensée fabriquée de toutes pièces par votre cerveau. C'est un mauvais film que vous vous jouez. Vous pouvez à tout moment décider d'en changer, rappelez-vous !

— Comment ?

— Déjà en continuant de faire ce que nous avons commencé à faire : en allant bien vous-même, en prenant soin de vous, en vous recentrant sur vos qualités et atouts, en redécouvrant vos besoins et vos valeurs profondes. Bref, en repartant de vous pour rayonner. Vous ne devez pas faire peser sur votre conjoint la responsabilité de votre bonheur. Il ne doit être dans votre vie qu'une cerise sur le gâteau.

J'imaginai la tête de Sébastien plantée au milieu d'un gros gâteau dégoulinant de crème. Une drôle de vision.

— Vous trouvez que j'ai trop d'attentes vis-à-vis de lui ?

— Ce n'est pas à moi de répondre à cette question. Je dis simplement qu'il faut savoir aimer à la bonne distance. C'est comme avec un élastique : ni trop serré, c'est étouffant, ni trop distendu, parce qu'on finit par perdre le lien. Il faut trouver la bonne tension. Il est aussi nécessaire de démêler les fils qui nous relient au passé.

— C'est-à-dire ?

— C'est-à-dire comprendre comment les relations que vous avez vécues enfant influencent votre présent.

— Je ne vois pas comment une chose du passé peut influencer ma vie d'aujourd'hui !

— Et pourtant, vous n'imaginez pas à quel point ! Ne m'avez-vous pas raconté que votre père avait quitté votre mère avant vos deux ans ?

— Oui, c'est exact.

— Il est possible que certaines situations, dans votre vie d'aujourd'hui, réactivent ces blessures du passé et libèrent malgré vous une charge émotionnelle disproportionnée par rapport à l'événement déclencheur. On appelle ça des **élastiques**. Tout à l'heure, inconsciemment, vous avez poussé votre conjoint à bout jusqu'à ce qu'il dise, excédé, que vous alliez finir par divorcer... Vous avez, sans le savoir, validé un vieux schéma négatif, la terreur de votre enfance : être quittée par l'homme que vous aimez...

— C'est terrible, vu comme ça ! Je n'en avais vraiment pas conscience...

Complètement gelée à présent, j'entrai dans un bar-tabac encore ouvert et commandai un chocolat chaud au garçon qui s'était approché de ma table. Le portable chauffait entre mes mains. Cela faisait bien une demi-heure que j'avais Claude au bout du fil et il continuait son coaching avec la même ferveur que la première fois. Il avait forcément éprouvé tout ça, lui aussi ; il ne pouvait en être autrement. Il était tellement habité par ce qu'il racontait ! Et moi, je n'en perdais pas une miette.

— La prise de conscience est un excellent premier pas pour **couper les élastiques du passé**. Après, c'est en continuant votre travail personnel de confiance en vous et de transformation positive que vous pourrez vous débarrasser définitivement de ces vieux démons.

Vous n'êtes plus la petite fille sans ressources que vous étiez quand votre père est parti. Vous êtes une adulte responsable et autonome, capable de faire face aux situations. Cela étant, il est important de rassurer cette partie de vous qui a eu peur et qui a eu mal autrefois... Ainsi, vous serez réconciliée avec ce morceau de vous-même !

— Et comment fait-on pour rassurer sa petite fille intérieure ? demandai-je tout en soufflant sur mon chocolat fumant.

— On se met dans un coin, au calme, et on lui parle gentiment, comme à ses propres enfants. Vous pouvez lui dire que vous l'aimez, que vous serez toujours là, qu'elle peut compter sur vous... Mais pour une guérison totale de cette blessure d'enfance, il vous faudra passer par l'étape du pardon.

— Qui est ?

— De pardonner à votre père.

— ...

Claude dut sentir que ça coinçait, car il enchaîna, s'efforçant de temporiser :

— Vous le ferez le moment venu, quand vous serez prête... Pour l'instant, agissez déjà sur votre vie de couple, devenez moteur de la relation, donnez plus !

— On en revient un peu à la case départ, vous ne trouvez pas ? Pourquoi ce serait toujours à moi de faire des efforts ? Pourquoi pas lui ?

— Parce que nourrir positivement la relation vous reviendra au centuple ! *« **Faire du bien aux autres, c'est de l'égoïsme éclairé** »*, disait Aristote. Et puis, pensez que pour l'instant, c'est vous qui avez un temps d'avance en développement personnel. C'est donc à vous de lui montrer le chemin. Peut-être aussi vous est-il plus naturel de prendre des initiatives ? D'instinct, vous saurez comment faire jaillir l'étincelle pour rallumer le feu... Convenez que mieux vaut renoncer à être dans le classique duel du « qui fait quoi », cette compétition négative pour déterminer lequel, dans le couple, est le plus méritoire... Il faut en finir avec ça, vous ne pensez pas, Camille ?

Si, bien sûr... Il avait raison. Cent fois raison.

— Partez du principe que l'autre essaie de donner le mieux de ce qu'il peut dans la relation à l'instant T, et retenez ce qu'il apporte de positif au lieu de vous concentrer sur ce qui vous déçoit, parce que ça ne correspond pas tout à fait à vos attentes. On récolte ce que l'on sème... Le vieil adage a du bon. Semez du reproche, et vous récolterez rancœur et désenchantement. Semez de l'amour et de la reconnaissance, et vous récolterez tendresse et gratitude.

— Mmm... C'est juste. Je m'en rends compte. Mais ce qui me rend folle aussi, c'est cette tiédeur, cette léthargie amoureuse ! Moi qui rêve encore de grands sentiments et de démonstrations romanesques !

— Là encore, il faut viser la voie du milieu : pas de fantasmes irréalisables, mais pas d'ambitions au rabais non plus. Vous avez raison de vouloir raviver la flamme... tant que vous ne projetez pas des attentes disproportionnées ! Vous devez respecter et accepter la personnalité profonde de votre conjoint et ne pas attendre de lui des choses qu'il ne pourra pas vous donner. L'amour est comme une plante qui demande beaucoup d'attention et qui grandit bien quand on l'arrose. Valorisez votre mari dans tout ce qu'il fait de bien, montrez-lui votre gratitude, voire votre admiration. Vous le verrez alors changer et s'épanouir de jour en jour. Il sera probablement beaucoup plus réceptif à vos propositions amoureuses. Sourires, soutien, tendresse, voilà le terreau de votre carte du Tendre !

Bip à nouveau.

— C'est encore Sébastien.

— Eh bien, décrochez Camille, qu'est-ce que vous attendez ?

— Claude ?

— Oui ?

— Merci.

Sébastien et moi échangeâmes quelques mots, suffisants pour désamorcer la tension. Et pour ajouter une touche d'humour à notre réconciliation, je rentrai chez moi en agitant un mouchoir de poche blanc dans l'embrasure de la porte. La paix fut scellée par un tendre baiser de retrouvailles.

Adrien en profita pour surgir de sa cachette et nous sauter au cou.

— Vous n'allez plus divorcer, alors ? demanda-t-il, vaguement inquiet.

Sébastien et moi nous sondâmes l'un l'autre du regard, à la recherche d'une réassurance. Je perçus alors dans ses yeux... oui, c'était bien ça... une lueur d'attachement qui me rassura.

— Mais non ! dis-je en lui ébouriffant tendrement la tignasse.

— Eh, maman ! protesta-t-il, s'empressant de remettre ses mèches en place.

Depuis quelque temps, son look le préoccupait beaucoup, et gare à qui touchait à sa coiffure mouillée-gominée avec le plus grand soin ! Profitant de cette ambiance de réconciliation, le petit futé plaida habilement sa cause :

— Comme j'ai fini tous mes devoirs, je peux faire un peu de tablette, s'il te plaît, maman chérie ?

Je ne savais pas quel serait son métier, mais je ne m'inquiétais pas trop pour lui ! Il savait si bien vous mener là où il le voulait ! Impossible de lui en vouloir très longtemps, ni de résister à ses appels de charme...

Adrien rivé à sa tablette avec un sérieux de *gamer* aguerri, je m'accordai un moment de tête-à-tête avec Sébastien, les gestes tendres encore un peu sur la retenue, l'esprit encore griffé par la dispute. Et tandis qu'il nous servait un fond de vin blanc, je pris conscience de l'effort à accomplir pour redonner à nos amours tout le faste d'antan. Pour qu'elles retrouvent la splendeur d'un Versailles, j'avais encore du chemin à accomplir...

Heureusement, question chemin, Claude semblait en connaître un rayon.

14

Pour ma leçon d'être suivante, Claude m'avait donné rendez-vous au jardin d'Acclimatation. Cela faisait une éternité que je n'y étais pas venue. Mon âme d'enfant frétillante se régalait de voir tourner les manèges et croquer les pommes d'amour. Je me serais damnée pour des churros au chocolat mais, Dieu merci, Claude arriva à point nommé pour m'éloigner de la tentation. Il m'invita d'abord à prendre un thé chez Angélina, où je ne m'accordai qu'une seule gourmandise, une rondelle de citron – vu le degré de stoïcisme nécessaire pour résister aux étals de pâtisseries fines, cela méritait d'être relevé. Puis il m'entraîna dans la galerie des glaces déformantes.

— Qu'est-ce que vous voyez là, Camille ?

— Quelle horreur ! Moi, en plus grosse encore et déformée, m'esclaffai-je.

— Est-ce que cette image est vraie ?

— Non, heureusement ! Je ne suis pas si grosse que ça.

— Vous n'êtes pas si grosse que ça en vrai non plus, Camille. La plupart du temps, vous vous voyez comme à travers ce miroir déformant à cause de vos pensées négatives qui transforment la réalité. Votre mental vous joue des mauvais tours. Il vous raconte des histoires et vous finissez par le croire ! C'est un magicien noir, mais vous êtes une magicienne encore plus forte : vous avez le pouvoir de stopper votre mental, et même de le manipuler ! Regardez-moi, Camille... Qui est maître de vos pensées ?

— Je ne sais pas...

— Mais si, vous savez...

— Moi ?

— Bien sûr. Personne d'autre que vous ! Le plus souvent, on est très mauvais juge pour soi-même. Aujourd'hui, vous êtes persuadée que vous êtes trop grosse parce que vous avez quatre kilos de trop, mais c'est dans votre tête que le problème a pris trop de place... Je peux vous assurer que ce n'est pas ça, être gros !

Je lui glissai un regard de biais, tout en repensant à l'homme de la photo, dans son bureau. Était-ce un proche ? Était-ce lui-même ? Je n'osai pas lui poser la question directement. Je tentai donc une autre approche.

— J'ai l'impression que vous connaissez bien la question...

Je vis sa ride du lion se froncer et la surprise se peindre sur son visage. Il se racla la gorge, comme s'il cherchait à gagner du temps, comme si ma question l'embarrassait. Ses yeux se perdirent dans le vague, et il répondit évasivement :

— Oui, en effet. Je connais bien le problème...

— Pour l'avoir vécu vous-même ?

Je lus dans son regard que je l'agaçais avec mes questions.

— C'est bien possible. Mais nous ne sommes pas là pour parler de moi.

Dommage, pensai-je. Cela m'aurait diablement intéressée d'en savoir plus sur sa vie... Mais je sentis qu'il ne fallait pas insister pour l'instant.

Il m'entraîna vers le premier miroir de la galerie. Un miroir normal.

— Alors, Camille, regardez-vous bien, et dites-moi maintenant ce qui vous plaît le plus dans votre physique ?

Je scrutai mon reflet à la recherche d'éléments favorables.

— Eh bien, je crois que j'aime bien mes yeux, ils sont pétillants et d'une assez jolie couleur...

— Très bien ! Continuez...

Je descendis un peu plus bas, pour évaluer mes attributs féminins.

— Ma poitrine n'est pas mal non plus... Elle me fait un joli décolleté. Mes chevilles me plaisent assez aussi. J'ai les jambes fines jusqu'aux genoux !

— Parfait, Camille. Vous allez donc tout faire pour mettre vos atouts en valeur, et focaliser votre attention dessus plutôt que sur vos petits défauts, dont tout le monde se fiche. Gardez toujours à l'esprit l'exemple de certaines femmes pas si jolies que ça et qui ont eu pourtant un succès fou. Prenez Édith Piaf, qui a eu les plus beaux hommes, ou Marilyn Monroe, connue pour ses rondeurs ! Mais ce qui compte le plus, vous l'avez deviné, c'est ce que vous dégagez de l'intérieur. La confiance en soi est votre plus bel atour. Rayonnez et vous serez irrésistible ! C'est en vous remplissant de belles choses que vous serez attirante. Croyez-moi, la bonté et la bienveillance brillent plus que les bijoux les plus beaux ! Ce que vous êtes à l'intérieur se voit à l'extérieur.

J'avais envie de lui demander si c'était ce qui s'était passé pour lui... Il planait sur sa vie un voile de mystère que je n'osais pas encore soulever. Je me contentai d'une boutade.

— Ça fait un peu pub de yaourt, ce que vous dites, mais je comprends l'idée générale...

— Œuvrez chaque jour pour devenir une personne meilleure, véhiculez des ondes positives, et vous verrez bientôt le succès que vous aurez !

— Et si je n'y arrive pas, Claude ? Si, malgré tout, je continue à me trouver moche ?

— Chut, chut, chut ! **Arrêtez de nourrir vos rats**, Camille. Vos rats, ce sont vos peurs, vos complexes, vos fausses croyances, toute cette partie de vous qui aime bien se faire plaindre et jouer les Caliméro. Est-ce que vous comprenez ce que vous recherchez, inconsciemment, à jouer ce mauvais rôle ?

— Mmm... Peut-être que si je reste moche, je n'attire pas trop l'attention, et je ne risque pas de décevoir. Ou d'être déçue ! Et puis, au moins, les gens n'attendent pas trop de moi, j'ai la paix !

— Et quel serait le risque d'attirer les regards ?

— Qui dit plus de regards, dit plus de commentaires, plus de jugements, donc, potentiellement, plus de risques d'être blessée...

— Oui, sauf qu'on ne peut vous atteindre que si vous êtes atteignable. Plus vous aurez confiance en qui vous êtes, moins vous serez susceptible d'être blessée par des atteintes extérieures. Quand vous aurez remusclé votre estime de vous, que vous aurez un projet de vie en totale cohérence avec votre personnalité et vos valeurs profondes, vous avancerez sereinement, forte de votre vision positive, et vous n'aurez plus peur. Vous serez « alignée », en harmonie avec vous-même et l'univers.

— Dit comme ça, ça fait envie... J'espère que ce grand jour arrivera bientôt.

— Ça ne dépend que de vous, Camille.

— Mais pour améliorer mon image de moi... ?

Claude m'emmena devant un miroir affinant.

— Déjà, tous les matins, devant votre miroir, vous allez **changer de dialogue intérieur**. Vous répéterez des affirmations positives. Que vous êtes belle, attirante, que vous aimez vos formes, que vous avez de jolis yeux, une belle poitrine, que vous êtes une femme formidable qui réussit ce qu'elle entreprend, etc.

— Ce n'est pas un peu trop ?

— C'est à peine assez ! répondit-il, taquin. Ensuite, vous allez apprendre **l'art de la modélisation**.

— C'est-à-dire ?

— Quelle femme admirez-vous le plus et pourquoi ?

— Je ne sais pas... J'adore Isabelle Huppert, je trouve qu'elle a un charme fou !

— Très bien. Alors, étudiez Isabelle Huppert, ses attitudes, sa manière de marcher, de sourire... Entraînez-vous à reproduire ses gestes. Fermez les yeux. Visualisez-vous en train de marcher dans la rue et jouez à être Isabelle Huppert. Comment vous sentez-vous ?

— Belle, sûre de moi, posée...

— Comment réagissent les gens autour de vous ?

— Ils me regardent, m'admirent...

— C'est agréable ?

— Très agréable !

— Super ! Gardez ces sensations en tête, et n'hésitez pas à le faire pour de vrai. Mettez-vous dans la peau d'un de vos modèles !

— OK. J'essaierai... Ça peut être drôle.

— Et puisque nous parlons de modèles... Je voudrais que vous vous cherchiez des mentors. Quelles personnes admirez-vous le plus ? Quelles sont leurs qualités ? Leur modèle de réussite ? Étudiez leur vie, lisez leur biographie... Créez-moi un beau patchwork graphique de toutes leurs photos. Vous pouvez me faire ça pour dans quinze jours ?

— Mmm... Je vais tâcher...

En vrai, je me sentais un peu comme l'étudiant à qui l'on vient de donner trop de devoirs, mais Claude m'avait prévenue : les petits monstres intérieurs guettent : paresse, découragement... Il fallait que je m'accroche, même si le rythme du changement me semblait intensif et que je ne me sentais pas encore très à l'aise dans les souliers de mon nouveau moi.

15

Je rentrai chez moi, claquée. Les informations se bousculaient dans ma tête. Que de changements enclenchés en si peu de temps ! J'avais besoin d'un bon bain pour me détendre. Je mis une tonne de mousse et me laissai glisser dans l'eau brûlante qui mordait ma chair. Un délice ! Je jouai avec la mousse comme quand j'étais petite, un vrai plaisir régressif.

J'avais le temps : la veille au soir, au lieu de regarder la télé, j'avais mitonné un bon petit plat pour le lendemain. Nous n'avions plus qu'à nous mettre les pieds sous la table.

On se régala, et j'eus droit à un concert d'onomatopées de papilles reconnaissantes.

— C'est super bon, maman ! Tu peux faire Top Chef, moi je dis !

Je ris sous cape en voyant mon fils se resservir une troisième fois de la tarte, dans laquelle j'avais glissé du tofu soyeux et de la courgette au milieu d'olives et de tranches de fromage de chèvre.

Il a mangé de la courgette... Il a mangé de la courgette...

C'est sûr, ça changeait des surgelés...

Souvent, après le dîner, Adrien me proposait un jeu de société avec lui, mais je ne m'en sentais jamais le courage. Et puis, n'avais-je pas passé l'âge ? Quand, cette fois, je lui dis oui, il en resta bouche bée. La lueur de joie qui brilla alors dans ses yeux, cette joie cristalline que seuls les enfants peuvent ressentir, finit de balayer mes réticences.

Claude m'avait suggéré ça. D'arrêter d'être trop adulte. De me laisser davantage aller à des moments complices avec mon fils. « *Le secret, c'est de participer* », m'avait-il glissé avec un clin d'œil de connivence. Me voilà donc en mode *gamer* (joueur, c'est *has-been*), à essayer de me reconnecter à mon enfant intérieur, cette partie de moi ludique et créative trop souvent bridée par mon moi adulte responsable et un brin rabat-joie, m'avait encore expliqué Claude. Contre toute attente, je m'amusai. Et le visage heureux de mon fils valait toutes les récompenses. Comblé dans son besoin de jeu et de présence, il se coucha sans faire d'histoires. Un bonheur !

— Tu viens te blottir un peu, me demanda Sébastien, installé sur le canapé, quand je le rejoignis dans le séjour.

— Non, pas tout de suite, répondis-je gentiment. J'ai du travail.

Il parut surpris, un brin décontenancé même. Il faut dire que d'habitude, c'était toujours moi qui quémandais de la tendresse. Pour une fois, les rôles étaient inversés. Peut-être venais-je de trouver là la bonne distance de l'élastique ?

Je m'installai sur la table du salon avec mon ordinateur portable, mais aussi du papier et des crayons.

Je commençai par le plus facile : le portrait chinois des personnalités que je voulais modéliser.

J'écrivis pêle-mêle :

Je voudrais avoir la sagesse d'un Gandhi, la sérénité d'un bouddha, la grâce d'une Audrey Hepburn, le sens des affaires d'un Rockefeller, la volonté et l'abnégation d'une Mère Teresa, le courage d'un Martin Luther King, l'ingéniosité d'un Rouletabille, le génie créatif d'un Picasso, l'inventivité d'un Steve Jobs, l'imagination visionnaire d'un de Vinci, l'émotion d'un Chaplin, et pour finir, le flegme et l'humour de mon grand-père !

Contente de mon *brainstorming*, je cherchai, puis imprimai les photos de toutes ces personnalités pour créer mon tableau de mentors. Je ne m'attendais pas à ce que l'exercice me fasse autant de bien : tous ces visages m'inspiraient, me ressourçaient. En les regardant, je tentai de percer un peu du secret de leur talent, et de m'imprégner de leur modèle de réussite. Je sentais que ce petit exercice m'avait permis de mettre en lumière certaines de mes valeurs et d'affiner la vision de la personne que je voulais devenir.

Le *board* de mes modèles avait fière allure ! Je décidai de l'accrocher en belle place près de mon bureau. Je continuai ensuite mes recherches dans mon domaine de prédilection, la mode. J'explorai les bios de grands créateurs, dont mon préféré : Jean Paul Gaultier.

Je parcourus avidement l'entrée qui lui était consacrée sur Wikipédia :

À quinze ans, il dessine les esquisses d'une collection de vêtements pour enfants. C'est après avoir vu le film *Falbalas* de Jacques Becker, pour lequel Marcel Rochas a dessiné tous les costumes, qu'il se décide à faire de la couture sa profession. Il envoie un dossier à l'entreprise Yves Saint Laurent, mais sa candidature est rejetée. Ses croquis vont alors à Pierre Cardin. Le jour même de ses dix-huit ans, il intègre la maison de couture, où il restera un peu moins d'un an, avant de rejoindre le « farfelu » Jacques Esterel, puis, en 1971, l'équipe de Jean Patou.

Comment un homme aussi génial a-t-il pu être rejeté par la maison Saint Laurent au début de sa carrière ? Incroyable !

Cela me rappelait la petite histoire sur la persévérance que me racontait souvent mon grand-père.

— Sais-tu qui est cet homme, né dans la pauvreté, et qui a dû toute sa vie supporter la défaite ? Il aurait pu abandonner de nombreuses fois, se trouver mille raisons de le faire, mais ne le fit pas. Il avait une attitude de champion et, à force, il en est devenu un. Et un champion n'abandonne jamais. Enfant, il a été chassé de sa maison. Il a perdu sa mère. A fait faillite une première fois. A été battu aux élections législatives. A perdu son emploi. A fait faillite de nouveau et mis dix-sept ans à rembourser sa dette. Sa fiancée est morte. Il a traversé une grave dépression nerveuse. A été battu à la présidence de la Chambre des représentants de l'Illinois, élu au Congrès, mais pas réélu. Il n'a jamais obtenu l'emploi d'agent des terres de son

État natal, pour lequel il avait postulé. Il s'est présenté au Sénat des États-Unis et a été battu. A présenté sa candidature pour la vice-présidence lors de la convention nationale du parti et a obtenu moins de cent votes. Il s'est représenté au Sénat et a été encore battu... Cet homme, Camille, c'est le président Abraham Lincoln !

Il me racontait cette histoire, et à la fin, il avait le sourire aux lèvres, content de la chute.

Et moi, est-ce que j'avais su persévérer tout au long de ma vie, ou est-ce que j'avais trop vite renoncé à mes rêves ? Cette idée jeta une ombre sur mon humeur. Maussade, je me dirigeai vers le placard du fond du couloir et en ressortis un carton à dessins. En silence, je me mis à feuilleter mes esquisses d'un autre temps. Je notai, ébahie, l'aisance des traits. C'est que j'avais un sacré coup de crayon, à l'époque ! Peut-être aurais-je pu en faire quelque chose, si j'avais suivi une école de dessin au lieu d'études de commerce... Mais maintenant, c'était trop tard. À côté des croquis académiques, je m'amusais à revisiter des vêtements d'enfants ordinaires. J'imaginais des ajouts de tissus, de matières, de motifs qui leur conféraient une originalité indéniable.

— Hou là ! Tu te mets la tête dans ces vieilleries ? Nostalgie, nostalgie ! me taquina Sébastien en passant dans le couloir.

Je lui jetai un regard furibond.

— Excuse-moi ! Je plaisantais ! dit-il en me faisant un baiser sur la joue. Ils sont très bien, tes dessins. Tu viens te coucher ?

— Non, pas tout de suite... Je regarde encore un peu tout ça.

Je caressai les feuilles de papier comme on caresse un rêve du bout des doigts. Et si je décidais de lui redonner vie, à ce rêve ? Sébastien comprendrait-il ? Serait-il à mes côtés pour prendre le train du changement, ou resterait-il à quai ? Cette question n'était pas sans m'inquiéter...

16

Je confiai à Claude mes inquiétudes concernant l'évolution de ma relation avec Sébastien. Il me fit prendre conscience de ce que cela pouvait avoir de déstabilisant pour mon mari de me voir ainsi remettre ma vie en question. Toutes ces transformations devaient le bousculer en profondeur. Je devais accepter l'idée qu'une période de transition était nécessaire. Après tout, je lui imposais ma petite révolution, alors qu'il n'avait rien demandé ! Il fallait lui laisser le temps de s'adapter. Et puis, une telle période de mutation s'accompagnait forcément, chez mon mari comme chez moi, de toute une palette d'émotions : les résistances, les deux-pas-en-avant-trois-pas-en-arrière...

Ma peur était double, en fait : peur que Sébastien ne me suive pas dans mon projet de réorientation professionnelle, peur que notre relation continue à s'essouffler...

— La première chose à savoir, me dit alors Claude, c'est si vous l'aimez toujours.

— Oui, bien sûr, même si des fois, je doute.

— Souvent, ce n'est pas l'autre qu'on n'aime plus, c'est ce qu'est devenue la relation. Or, dans un couple, chacun est coresponsable de la qualité des échanges. Si vous voulez rallumer la flamme, provoquez des étincelles ! N'attendez pas toujours de l'autre l'initiative, nous en avons déjà parlé...

— Mais comment faire ?

— En développant votre **créativité amoureuse** par exemple...

— Amusant ! De quelle manière ?

— Vous pourriez lui écrire un SMS d'amour 3.0 pour commencer.

— 3.0 ? Qu'est-ce que c'est que ça ?

— Eh bien, à l'heure où tout le monde écrit des SMS en phonétique, prenez le contrepied en lui envoyant des SMS créatifs, bien écrits et, comble du chic, sans fautes d'orthographe !

— Mais encore ?

— Suivez votre inspiration ! Cela dit, il existe quelques techniques. Vous identifiez les centres d'intérêt de votre cher et tendre et vous en choisissez un. Vous écrivez ensuite, façon *brainstorming*, tous les mots et toutes les expressions qui vous viennent, en lien avec ce thème. Enfin, vous créez des rapprochements improbables de mots, vous inventez des expressions pour écrire un texte savoureux. Prenons un exemple, si vous voulez, ça sera plus clair... Qu'est-ce qui le passionne, votre mari ?

— Il adore le zen. Il fait du yoga. Et il rêve qu'on aille en Inde.

— Parfait. Listons tous les mots liés à ce thème.

Avec son aide, je griffonnai sur une feuille de papier :

Zen. Lotus. Fleur de lotus. Équilibre. Respiration, souffle. Paix. Beauté. Bulle intérieure. Jardin zen, méditation…

— Écrivez bien tout, insista-t-il, ce sera votre matière première créative. Et souvenez-vous de la règle du ₵QFD. **C barré**, pas de **Censure** ni de **Critique**. **Q** pour **Quantité**, il s'agit d'émettre un maximum d'idées. **F** pour **Farfelu**. Bienvenue à lui ! Notez même les idées les plus folles et improbables. **D** pour **Démultiplication**. Une idée en entraîne une autre, ça s'appelle rebondir !

— Je m'en souviendrai. Merci, Claude.

— Ensuite, croisez le vocabulaire du zen avec le vocabulaire amoureux, secouez bien et découvrez les trouvailles rédactionnelles qui en résultent. Pensez aussi aux figures de style : les assonances – la répétition d'un même son voyelle –, les allitérations – la répétition d'un même son consonne –, les comparaisons, l'emphase – l'exagération dans le ton –, l'oxymore – l'alliance de mots au rapprochement improbable, comme la fameuse « *obscure clarté qui tombe des étoiles* » de Corneille –, la litote, qui atténue une déclaration, comme « il n'est pas laid » pour dire qu'il est beau, et tant d'autres. Mais plus important que tout : suivez votre cœur !

— Ça ne coûte rien d'essayer.

Ce que je fis aussitôt, constatant que ce n'était pas aussi facile que ça en avait l'air. Concentrée, le stylo suspendu dans les airs, je cherchai l'inspiration en laissant fuir mon regard au-delà des vitres…

Je mis bien vingt minutes avant de présenter mon *lovtxt* à Claude :

Mon amour,

Dehors, un ciel bas et lourd, dedans, un soleil au zénith : c'est l'effet-bonheur de te retrouver ce soir dans notre maison-bulle. Bulle de chaleur, bulle de douceur, jardin zen qui d'un baiser devient jardin d'Éden. Laisse-moi être la fleur de Lotus de tes jours et le Loo de tes nuits, ce vent brûlant du Rajasthan, pour souffler sur tes désirs comme sur les braises d'un feu sacré et nous emmener vers des rivages où seul l'amour a droit de passage... Ta Camille qui t'aime.

Claude leva vers moi des yeux ébahis.

— Eh bien ! Pour une première tentative, vous faites fort ! Excellent, vraiment... Bien sûr, l'écriture amoureuse n'est qu'une technique parmi d'autres. Toute autre forme de créativité est la bienvenue pour river son clou au quotidien ! Laissez aller votre imagination et votre intuition, osez vos idées. Vous verrez : non seulement vous allez bien vous amuser, mais en plus, vous aurez tôt fait de raviver la flamme...

— Vous dites ça parce que vous avez testé ?

— Qui sait...

Encouragée par cet essai prometteur, je décidai de lancer dans les jours qui suivirent l'opération B.L. : Big Love. Je commençai en douceur, l'air de rien, par un SMS quotidien. Puis j'intensifiai peu à peu mon travail de reconquête du territoire amoureux, en minant la maison de mots doux sur des post-it que Sébastien découvrait entre deux oreillers, ou en ouvrant le placard à biscuits...

Je n'obtins pas tout à fait les résultats escomptés. À vrai dire, il semblait plus surpris que séduit. Comme si ces soudaines démonstrations d'amour le mettaient sur la réserve. Bien sûr, il me souriait, m'embrassait pour me remercier. Il avait même l'air content, un peu, mais pas content-content comme je l'espérais. Je sentais bien que quelque chose le chiffonnait. En y réfléchissant, je me dis qu'il devait trouver mon attitude un brin contradictoire... D'un côté, je faisais tout pour me rapprocher de lui et raviver la flamme entre nous, de l'autre, je m'affranchissais chaque jour davantage de lui, de nouveaux projets plein la tête, lui offrant l'image d'une femme sûre d'elle et de ses talents. À la poubelle, la mendiante de l'amour ! La nouvelle Camille avait le vent en poupe. Cette autonomie senti-mentale aurait dû le réjouir. Or, il restait circonspect. Il avait l'air d'attendre de voir. J'espérais que, bientôt, mon changement d'attitude à son égard et mes jeux amoureux auraient raison de ses réticences...

En attendant cet heureux jour, je continuai mon lent travail d'introspection pour découvrir qui était la véri-table Camille, la Camille créative et audacieuse qui saurait me remettre sur le chemin de mes rêves. Je m'attelai donc à en dessiner le portrait, créant un pho-tomontage original : je découpai des photos dans les magazines, collai ma tête sur une silhouette de belle femme dans le vent, lui ajoutai un carton à dessins sous le bras d'où jaillissaient des croquis de vêtements pour tout-petits... Je découpai des lettres à la typo-graphie variée pour reconstituer des mots et les collai harmonieusement sur la planche de style de ma vie rêvée. Confiance, audace et détermination trouvèrent ainsi leur place dans la composition. La jupe que je portais sur l'image, je la dessinai avec les mots « créativité » et « générosité ». J'incrustai également les photos de mon fils et de mon mari sur des silhouettes de magazines, dans des postures vivantes et rigolotes... Le tout commençait vraiment à être à l'image de ce que je voulais devenir : vivant, créatif, ambitieux, drôle et généreux !

Satisfaite, je pris le montage en photo et l'envoyai à Claude, dont la réponse ne tarda pas :

Magnifique ! Je vois que votre rêve prend forme. Petit à petit, nous continuerons à le préciser... La nouvelle Camille est en train d'apparaître ! Pour continuer votre chemin de transformation, je vous propose de me rejoindre jeudi vers 12 h 30 au n° 59 de la rue Saint-Sulpice, dans le 6ᵉ. Bonne nuit... Et... au fait... au lieu de compter les moutons avant de vous endormir, ce soir, repensez à trois choses agréables ou favorables qui vous sont arrivées dans la journée. C'est radical, vous verrez ! Claude.

17

En sortant du métro, je me demandais ce que Claude me réservait comme surprise cette fois. Il avait une façon bien à lui de mettre en scène ses leçons d'être, d'illustrer grandeur nature, mais de façon métaphorique, certains de ses conseils ou préceptes. Je ris toute seule dans la rue en repensant à la tête que j'avais dû faire, lorsque j'avais compris qu'il voulait me faire monter dans une montgolfière ! Tout ça pour que je me débarrasse, à la fois symboliquement et concrètement, de tout ce qui me polluait l'esprit... Et ce sentiment de bien-être, une fois là-haut ! Métaphore encore d'un bien-être plus grand à venir et gratification immédiate, concrète. La galerie des miroirs déformants... très parlant, ça aussi. Et aujourd'hui, qu'est-ce que ça allait être ? Je me surpris à presser le pas en arrivant rue Saint-Sulpice, pour atteindre plus vite le n° 59, comme une petite fille impatiente d'ouvrir un cadeau.

J'arrivai devant un établissement tout en vitrines, à la devanture moderne et claire, au mobilier intérieur qui me sembla très design. Je mis quelques instants à comprendre de quoi il s'agissait et je poussai la porte, à la fois intriguée et amusée : Claude m'avait fait venir dans un... bar à sourire ! Concept qui me fit... sourire ! Je savais que ça existait, bien sûr, mais c'était la première fois que j'entrais dans ce genre de boutique.

Il m'attendait, perché sur un tabouret haut, à tu et à toi avec la patronne. Ils m'accueillirent tous deux chaleureusement. J'eus l'impression d'être une candidate, dans une émission de relooking. Claude voulait m'offrir une formule « Éclat ». Cela me gêna, mais il insista : pour lui, cela faisait partie de la formation et du processus global.

La patronne nous installa alors dans une petite cabine, et Claude profita des quelques instants d'attente pour me parler.

— Camille, vous imaginez bien que je ne vous ai pas fait venir ici uniquement pour la beauté de vos dents...

— Je m'en doute ! Je commence à vous connaître un peu.

Sourires de part et d'autre. C'était de circonstance !

— Outre l'importance de soigner ses dents, je suis surtout là pour vous rappeler celle de votre Capital sourire. Car votre sourire peut faire votre richesse plus sûrement qu'un ticket de loto !

— Vous n'exagérez pas un peu, là ?

Il ne tint pas compte de ma remarque et poursuivit :

— Un sourire ne coûte rien et il a pourtant une influence considérable sur votre entourage comme sur votre propre moral. Le bénéfice est double ! Vous connaissez bien sûr les paroles de l'abbé Pierre ? « Un sourire coûte moins cher que l'électricité, mais donne autant de lumière. » Il a même été démontré qu'un sourire sincère offert à quelqu'un peut entraîner, par réaction en chaîne, jusqu'à cinq cents sourires dans une journée ! Sans parler de ses bienfaits sur le cerveau et sur le corps ! Savez-vous qu'une étude récente menée aux USA le prouve ? Des scientifiques ont demandé à des volontaires de tenir une baguette dans la bouche. Ceux du premier groupe devaient la tenir sans expression sur le visage. Ceux du deuxième groupe devaient le faire en se forçant à sourire. Ceux du troisième groupe, en souriant naturellement. À partir de là, on les a soumis à divers exercices stressants tels que plonger les mains dans l'eau glacée. À chaque exercice, on relevait les variations de leur rythme cardiaque. Dans le groupe dont l'expression devait rester neutre, le rythme s'était sensiblement accéléré. Dans le groupe au sourire forcé, les relevés attestaient d'un rythme cardiaque bien moins élevé. Mais c'est dans le groupe au sourire naturel que le rythme cardiaque était le plus lent... Que retenir de cette expérience ? Que le fait de sourire, naturellement ou non, réduit les effets du stress sur l'organisme. Là-dessus, les scientifiques sont formels. L'explication : le cerveau interprète le sourire, qu'il soit naturel ou pas, comme un état de bonne humeur et libère des hormones de sérénité. Ce n'est pas beau, ça ?

— Si, en effet !

— Vous voyez, Camille, sourire vous permet non seulement d'être plus aimée des gens, d'être plus heureuse, mais aussi de vivre plus longtemps et en meilleure santé ! Sans parler du fait que vous êtes tellement plus belle quand vous souriez... Votre visage en est tout illuminé et vous avez l'air plus jeune. L'étape suivante, c'est d'apprendre à **faire vivre votre sourire intérieur**.

— Mon sourire intérieur ?

— Oui. C'est un sourire tourné vers soi-même, sourire qui apporte la fameuse paix intérieure. Une quête, un Graal, qui nous semble souvent inaccessible à nous, pauvres Occidentaux en mal de spiritualité... Il faut dire qu'aujourd'hui nous n'avons pas vraiment en bas de chez nous quelqu'un capable de nous donner ce type d'enseignement, ni sur les bancs d'une fac, entre un cours de marketing et un de juridique... Alors qu'aux temps anciens les maîtres taoïstes enseignaient l'art de ce sourire-là et expliquaient qu'il était garant de santé, de bonheur et de longévité. Car se sourire à soi-même, c'est comme plonger dans un bain d'amour. Non seulement le sourire intérieur donne une énergie réconfortante, mais il possède aussi un pouvoir de guérison non négligeable !

— Waouh ! Et concrètement, comment je fais pour le cultiver ?

— Vous pouvez vous entraîner quelques instants, tous les jours... Chaque fois que vous avez un petit moment de libre, asseyez-vous tranquillement, relâchez bien toutes les tensions de votre corps, desserrez les mâchoires en entrouvrant légèrement la bouche. Prenez conscience de votre respiration et de la profonde relaxation qu'elle vous apporte, physiquement. Chérissez ce souffle vital et imaginez qu'il agit comme un massage intérieur. C'est à ce moment-là que vous pourrez commencer à sentir le sourire intérieur : vous éprouverez un bien-être profond, un lâcher-prise bienfaisant, une douce sérénité. Vous pouvez aussi visualiser une fleur qui s'épanouit au niveau de votre plexus...

— Franchement, Claude, je ne sais pas si j'arriverai à être suffisamment détendue pour faire ce genre de chose. Je suis tellement *speed* !

— Ne présupposez pas ! Faites l'expérience quelques jours. Vous pourriez être étonnée du résultat ! Au début, c'est normal d'avoir du mal à tenir en place. Puis au fil des jours, vous prendrez un réel plaisir à retrouver cet état. C'est un peu comme le ciel bleu... Vous aimez le beau ciel bleu des jours d'été en bord de mer ?

— Ah, ça oui ! C'est merveilleux ! Mais ici, on est dans la grisaille tout l'année...

— Eh bien, retrouver le sourire intérieur, c'est un peu comme retrouver votre beau carré de ciel bleu, et cela dès que vous le désirez. Même quand le ciel est chargé de nuages, il est toujours aussi bleu ! De même, quand votre humeur est maussade, à l'intérieur de vous, il y a toujours ce magnifique ciel bleu qui vous attend. Il faut juste apprendre à s'y reconnecter...

— C'est bien vendu ! Bravo ! Ça donne envie...

Une jeune femme pénétra à cet instant dans la cabine. Mon soin allait commencer. Claude s'éclipsa. Je me laissai faire, impatiente de voir le résultat. Puis je pus admirer mon nouveau sourire dans la glace. Impressionnant ! Le soin avait vraiment bien marché ! Enchantée, je rejoignis Claude qui avait repris place sur son tabouret et discutait avec un client qui attendait qu'une cabine se libère, selon toute vraisemblance. Il le salua dès qu'il me vit et s'avança à ma rencontre.

— Vous voilà maintenant parée pour sourire à pleines dents, Camille ! Mais rappelez-vous : il est encore plus beau quand il vient de l'intérieur...

18

Dans l'après-midi qui suivit, j'expérimentai les enseignements de Claude dans la rue. Je décidai de me mettre dans la peau d'Isabelle Huppert. J'étrennai mon sourire tout neuf sur les hommes que je croisais, tout en affichant l'affriolante désinvolture de la femme sûre de son charme. Je m'évertuai à faire rimer confiance et élégance, en hommage à mon modèle féminin.

Les résultats furent surprenants : quatre interpellations en vingt minutes ! Les deux premiers messieurs pour me dire que j'avais un très joli sourire. Le troisième pour m'inviter à boire un café. Le quatrième pour me donner sa carte en vue d'un rendez-vous galant... Inutile de dire que ma self-esteem était remontée en flèche ! Je savourai ce sentiment nouveau, cette griserie de constater mon pouvoir de séduction. Et discrètement, je posai une petite ancre. Pour les jours gris.

Au bureau, mon changement d'attitude ne passa pas inaperçu non plus. Pour m'amuser, j'entrais dans la peau de mes mentors au gré des circonstances. Ici, dans celle d'un Steve Jobs, et j'étais alors incroyablement

131

plus sûre de moi. Là, dans celle d'un David Douillet, habitée tout à coup d'une force tranquille à toute épreuve. C'était devenu un jeu avec moi-même et je m'émerveillais de ses effets sur mon mental et mon environnement professionnel. J'avais l'air tellement plus posée que cela semblait imposer le respect à mes collègues, d'habitude toujours prompts à l'humour potache, voire aux sarcasmes. D'autant que cette transformation s'accompagnait d'un enthousiasme inhabituel pour ce qui avait constitué pour moi, ces derniers mois, une activité ennuyeuse pour ne pas dire nauséeuse. Cela à la suite du conseil de Claude, bien entendu, qui m'avait convaincue d'adopter le « **faire comme si** ». Une posture psychologique qui consistait à *faire comme si* ce travail était le plus passionnant du monde. « Prenez tout ce qu'il y a d'intéressant à prendre, vivez les choses à 400 %, au lieu de vivoter et d'attendre en ruminant qu'un providentiel changement tombe du ciel », m'avait-il dit.

Depuis quelques jours, donc, je m'impliquais à fond, souriais à tout-va, ce qui n'échappa pas à mon boss.

— Camille, ça faisait longtemps que je ne t'avais pas vue comme ça... Tu as la niaque en ce moment, et ça me plaît ! Tu es sûre que tu ne veux pas repasser à temps plein ? Réfléchis... Ça pourrait être vraiment bien.

Je n'en revenais pas ! Je sortais du placard et j'étais portée aux nues dans le même mouvement. Incroyable ! J'étais flattée et éprouvais secrètement un petit sentiment de triomphe. Est-ce que ça ne ressemblait pas à une revanche, ça ? En même temps, était-ce de cela que j'avais envie ?

Quoi qu'il en soit, ma déferlante positive continuait à s'étendre dans les bureaux. Même Crâne d'œuf me regardait d'un œil neuf, et l'idée que je lui en bouchais un coin, après toutes les remarques doucereuses pour ne pas dire perfides que j'avais essuyées de sa part, n'était pas sans me réjouir ! Mais la nouvelle Camille n'avait pas de temps à perdre avec ce genre de satisfactions négatives et stériles. La nouvelle Camille s'était engagée auprès de Claude pour jouer le jeu de tous les exercices qu'il lui proposait, et l'un d'eux, comme me le rappelait un de ses messages, m'invitait à aller au-delà des apparences :

Chacun mérite qu'on lui donne une chance d'être connu. Encore faut-il baisser la garde du jugement, des a priori et des interprétations. Je vous mets au défi de vous rapprocher de quelqu'un que vous n'aimez pas trop pour faire plus ample connaissance...

Franchement ? J'avais autant envie de mieux connaître Franck que d'aller me pendre ! En repensant aux nombreuses fois où il m'en avait fait voir de toutes les couleurs, j'étais plutôt tentée de le tenir bien à l'écart... Cependant, mieux le connaître était l'une des cases à cocher dans mon cahier des engagements, et « pas fait » n'était pas une option envisageable !

Un jeudi matin, je pris donc mon courage à deux mains et m'approchai de son bureau.

— Dis-moi, Franck, tu fais quelque chose pour le déjeuner ? Ça fait longtemps que je veux te proposer qu'on mange ensemble, histoire de prendre le temps de discuter un peu...

Je sentis un frémissement de stupeur dans tout l'*open space*. Les autres n'en perdaient pas une miette. Franck glissa un regard oblique vers ses camarades, comme pour les sonder sur la réponse qu'il devait fournir. Dans un beau mouvement de solidarité, tous piquèrent du nez sur leur clavier.

— Euh, oui, pourquoi pas, lâcha-t-il enfin, encore tout déstabilisé par ma demande.

Nous nous retrouvâmes donc pour le repas de midi, lui devant son steak tartare, moi devant ma salade niçoise, dans un jeu de rôles inversé. Il gigotait sur sa chaise, visiblement mal à l'aise. Lui qui, d'habitude, me tenait la dragée haute et me charriait avec un aplomb bien campé, il était complètement dérouté par ma gentillesse inattendue. Le coup des masques qui tombent...

J'entrepris de dégonder l'ambiance en mettant de l'huile pour que ça glisse : bons petits-sourires-des-familles et fleurs sur ses talents de commercial.

— Je ne te l'ai jamais dit, mais j'admire ta tech-nique de vente. Ça ne m'étonne pas que tu sois numéro un dans l'équipe !

Il rosit sous le compliment. Je ne l'avais jamais vu comme ça !

— Camille, dit-il alors d'un air grave, je n'ai pas tou-jours été tendre avec toi... Je voudrais m'en excuser... Tu sais ce que c'est, on veut faire le malin devant les copains et on finit par être pris à son propre jeu. En vérité, je t'ai toujours trouvée très courageuse de tra-vailler tout en t'occupant de ton fils... Vraiment !

Ce fut à mon tour de rosir. On effaça notre ligne Maginot d'un franc sourire et le reste du déjeuner fut beaucoup plus léger. Il avait une passion pour l'aéromodélisme et faisait voler ses propres engins miniatures. Ses yeux brillaient comme ceux d'un enfant quand il en parlait. Il me confia aussi sa lassitude de ce boulot, parfois. Son impression d'en avoir fait le tour et son manque d'ambition, cependant, pour oser en changer. Nous finîmes par parler de nos familles respectives et j'appris avec surprise qu'il avait divorcé l'année précédente et combien cela avait été dur pour lui, surtout d'être séparé de ses enfants...

— Je suis désolée, je ne savais pas...

— Je n'en ai parlé à personne au bureau.

C'était moi, à présent, qui le regardais d'un œil neuf, un peu honteuse de mon jugement hâtif et peu nuancé sur lui. Sans doute que son humour sarcastique lui avait servi de bouclier pour nous tenir à distance et ne rien laisser transparaître de sa blessure à vif. Comme on pouvait se tromper sur les gens, quand même, faute de leur prêter une véritable attention, de prendre le temps de les connaître mieux ! En grattant un peu, je découvrais en ce collègue de bureau qui me faisait l'effet d'un hérisson toujours prêt à darder sur moi l'un de ses piquants un homme sensible et plutôt attachant.

Nous quittâmes le restaurant repus de paroles.

— Ça m'a fait du bien de te parler, me dit-il simplement.

— Oui, c'était un bon moment. À refaire ?

— Oui, à refaire.

Il me décocha un grand sourire.

Ça aussi, ce fut une chose que je découvris, ce jour-là : le sourire de Franck.

19

Je n'avais pas eu les mains aussi moites depuis mes oraux de fin d'études. J'avais rendez-vous au cabinet de Claude pour le bilan des quatre mois. Oui, quatre mois déjà que j'avais commencé mon programme Papillon, comme je l'appelais. Pour l'instant, j'avais la chrysalide encore collée au corps. Mais la métamorphose était en cours et, déjà, je me sentais un peu une autre. J'avais l'impression d'avoir vécu ces quatre mois plus intensément que les cinq dernières années ! Je me trouvais un incroyable regain d'énergie et une acuité intellectuelle accrue. Claude expliquerait peut-être le phénomène par un accroissement des endorphines et autres hormones, dont le taux augmente avec la pensée positive, le sourire, le sentiment de redevenir maître de sa vie...

Il me reçut chaleureusement.

— Vous allez bien ?

— Oui, ça va, Claude. J'ai l'impression que les choses avancent !

— Bien. Nous allons faire le bilan de vos avancées dans vos objectifs. Vous en êtes d'accord ?

— Oui, oui.

— Voyons les objectifs physiques, pour commencer. Vous m'avez apporté votre ***Cahier des engagements*** ?

— Oui, le voilà.

Je lui tendis nerveusement le petit cahier à spirale. Dans les cases cochées, les choses faites :

> Sourire à au moins dix personnes par jour.
>
> Prendre plus soin de moi (soins corporels et esthétiques) et de mon allure physique. Choisir un look pour mettre en valeur ma personnalité.

— J'ai remarqué que vous aviez parfaitement développé ce point, Camille, félicitations !

> Perdre quatre kilos.

Case non cochée.

— Voyons ça tout de suite...

Il me montra un pèse-personne et m'invita à monter dessus. Je déglutis, appréhendant le résultat.

— 54,8 kilos. Vous avez perdu 4,2 kilos. Bravo, Camille ! Vous pouvez cocher la case, maintenant !

Joie ! J'avais enfin perdu mes kilos de trop !

Claude continua à examiner ma liste.

> Faire une gym invisible en tous lieux.

Case cochée.

> Expérimenter la créativité amoureuse.

— Vous avez noté « en cours » ?

Je me raclai un peu la gorge, puis lui expliquai :

— Oui, je suis en train d'essayer différentes choses. Mais Sébastien ne semble pas encore réceptif à cent pour cent...

— C'est normal. Tous ces changements doivent lui

faire une drôle d'impression. Persévérez en douceur, je suis sûr que ça portera ses fruits...

— Nous verrons bien !

— Et le Carnet du positif ? Vous avez pu le tenir au fur et à mesure ?

— Oui, le voilà.

Claude feuilleta le répertoire dans lequel j'avais inscrit mes récents souvenirs agréables :

D : Déjeuner réussi avec Franck, mon ancienne bête noire du bureau.

R : Régal pour toute la famille avec un délicieux plat cuisiné.

S : Séduction, quatre messieurs m'abordent parce qu'ils me trouvent charmante.

J : Jeu de société avec Adrien, un vrai moment de complicité !

F : Floraison, mon rosier m'a fait une nouvelle fleur !

— Camille, je tiens à vous dire que je suis fier de vous ! Je crois que vous avez mérité ceci...

Il ouvrit un tiroir et me tendit la jolie boîte enrubannée, dorénavant familière. Avec émotion, j'y découvris un nouveau Charms : un lotus vert, cette fois, que j'accrochai à ma chaîne, où il rejoignit les deux autres. Encore un nouveau palier franchi ! Ceinture verte du changement... Ça commençait à devenir sérieux. J'offris à Claude un sourire calme et posé – le sourire d'une personne qui aurait beaucoup mûri en peu de temps –, mais à l'intérieur de moi, c'était Rio. J'avais envie de courir dans la rue, de sauter au cou des passants, de sortir les vuvuzelas ! Je ressentais la même joie que mon fils quand il décrochait un A en dictée.

J'aurais pu courir m'acheter un sac de billes ou sabler une bouteille de Champomy...

Claude me ramena sur terre.

— Vous avez fait un joli bout de chemin, mais vous n'êtes pas encore au bout de la route ! Si vous le voulez bien, je vous propose de travailler un moment sur vos prochains objectifs. D'accord ?

J'acquiesçai.

Une heure plus tard, nous relisions ensemble la liste qui s'étirait :

> Continuer à instaurer de bonnes pratiques pour plus de zénitude et d'harmonie.
>
> Poursuivre la reconquête amoureuse de Sébastien.
>
> Décrisper les relations avec Adrien. Poser du cadre tout en développant une relation harmonieuse.
>
> Clarifier mon nouveau projet de vie professionnelle. Étudier sa faisabilité et les pistes de sa mise en œuvre. Passer à la réalisation.

Puis je poussai un profond soupir. Dire que quelques instants auparavant, je bondissais de joie ! Claude perçut mon découragement, car il reprit :

— Confiance, Camille. *Avec le temps et la patience, la feuille du mûrier devient de la soie.* Continuez à vous concentrer, tâche par tâche, mission par mission.

— Merci, Claude. Merci vraiment pour tout ce que vous faites pour moi !

Il me serra chaleureusement la main, visiblement heureux de suivre ma progression. Combien de gens étaient motivés comme il l'était, pour aider une autre personne à faire son chemin et miser sur une hypothétique réussite pour espérer être payé en retour ? Je le trouvais un brin utopique mais au fond, admirable...

20

Courageusement, je continuai, jour après jour, à appliquer les conseils de Claude. Je connaissais maintenant par cœur les « bonnes pratiques » pour être du côté du cercle vertueux. Mais comme il me le disait souvent, le plus important n'était pas de savoir, mais de faire ! Il ne se lassait jamais de vanter les avantages de la régularité et de la ténacité...

À la fin de ce quatrième mois, j'eus l'impression d'avoir passé un seuil critique : je commençais réellement à apprécier ma nouvelle façon de vivre, manger, bouger, penser... Je touchais du doigt cette fameuse réconciliation corps/esprit dont parlent tant les disciplines orientales. Mes quelques minutes quotidiennes de gymnastique et d'étirements m'avaient définitivement reconnectée à mon corps. Corps que, pour ainsi dire, je n'habitais pas vraiment auparavant. Je finis par les apprécier, ces mouvements, et même par rechercher les sensations qu'ils provoquaient en moi.

Lorsque je marchais dans la rue, je m'appliquais par instants à imaginer mon corps comme un trait d'union entre le ciel et la Terre, à me sentir reliée à un grand

TOUT et non plus à me considérer comme un élément isolé, perdu dans la nature. Je pris conscience d'à quel point j'avais pu être coupée de mes sensations. Mais j'étais résolue à habiter dorénavant le présent. Fini le temps perdu à ruminer le passé ou à me tourmenter pour l'avenir. Que c'était reposant !

Je me rendis compte également du rôle que pouvaient jouer la nature et l'oxygénation dans l'amélioration de ma santé physique et psychique. Moi qui avais grandi dans le béton et la pollution, je m'étais persuadée que je n'aimais pas la nature : je m'en étais fait une idée erronée, imaginant des millions de petites bestioles rampantes ou volantes, cachées dans de vastes étendues vertes et silencieuses, d'un ennui mortel. Renouer avec Dame Nature m'apporta un réconfort insoupçonné. Jamais je n'aurais pensé pouvoir retirer une telle énergie des merveilles qu'elle met à notre disposition !

Un jour, Claude décida de m'initier à l'Ikebana, art floral japonais qui procure détente et apaisement, en instaurant un dialogue silencieux avec la nature. Nous partîmes donc pour une balade champêtre, sécateur à la main, afin de cueillir des végétaux inspirants. Puis, guidée par lui, je m'amusai à composer une « poésie végétale », cherchant un subtil équilibre de formes et de couleurs.

Moi qui ne prenais jamais le temps de me poser, je passais dorénavant plusieurs minutes par jour à méditer devant mon âtre zen aménagé, inspiré du Tokonoma japonais, cette niche décorée d'un kakémono qui abrite une composition florale d'Ikebana ainsi que divers objets symboliques, chandelier, statue, objet d'art... J'avais trouvé le petit coin idéal dans la maison, un angle mort dans le fond du salon, jusque-là non investi. Par terre, je posai un vase long et épuré pour y mettre mes créations florales d'Ikebana. Au mur, je fixai trois cases cubiques design de tailles différentes. Chacune d'elles recueillait des objets symboliques inspirants et ressourçants : la première, un bouddha rieur à côté d'une jolie carte postale comportant une citation – *« Faire ce que tu aimes, c'est la liberté ; aimer ce que tu fais, c'est le bonheur »* –, la deuxième, une belle bougie et mes trois livres préférés du moment, la troisième, une photo de famille nous représentant tous les trois et une statuette de Shiva, bon et vénéré dieu hindou, souvent présenté comme « celui qui porte bonheur ». Quelques coussins colorés joliment disposés au sol invitaient à une pause moelleuse et contemplative.

Ainsi, quand je me sentais stressée, je m'offrais quelques instants de paix dans cet endroit, fixant la flamme de ma bougie jusqu'à me sentir hypnotisée.

Ce changement de philosophie de vie me nourrissait de l'intérieur et, semaine après semaine, je me trouvais beaucoup moins anxieuse, moins agitée. Je pris aussi conscience que j'avais tendance, avant, à focaliser ma pensée sur mes insatisfactions... De quoi entretenir une morosité chronique !

Claude m'avait donné un antidote à cette morosité : pratiquer tous les jours **quelques instants de gratitude**. Je me levais donc chaque matin avec un remerciement en tête, et me couchais chaque soir de même. Merci d'avoir un fils en bonne santé, d'avoir un toit, d'être dans un pays en paix... Merci d'avoir un compagnon à mes côtés pour m'aimer et m'épauler. Je pris même l'habitude de remercier pour des choses plus insignifiantes : une tasse de café fumant au petit matin, une tarte aux pommes partagée avec les miens, un rayon de soleil près d'un lac...

Je gardais aussi à l'esprit l'idée de prendre soin, tous les jours, des objets comme des gens autour de moi. Prendre soin d'une plante, d'un animal, de soi, de ses êtres chers, mais aussi de toute personne croisée sur son chemin qui en aurait besoin.« On n'a vécu qu'à la hauteur de ce que l'on a donné », m'avait soufflé Claude, une fois, à juste titre. Il m'avait d'ailleurs envoyé un livre de pensées du Dalaï-Lama pour nourrir mon changement de mentalité. Il avait pris soin d'en souligner quelques passages au stabilo.

Certaines phrases me marquèrent plus particulièrement, dont celle-ci :

« En développant l'altruisme, l'amour, la tendresse et la compassion, on réduit la haine, le désir ou l'orgueil. »

Ces valeurs faisaient écho en moi, mais par laisser-aller, par négligence, je les avais négligées ces dernières années... Le secret, c'était de ne jamais s'arrêter de pratiquer. D'y penser tous les jours. Sans ça, le naturel revenait au galop ! Et les mauvaises habitudes aussi...

J'aimais bien également cette citation :

« Certains regardent la vase au fond de l'étang, d'autres contemplent la fleur de lotus à la surface de l'eau, il s'agit d'un choix. »

Une belle illustration de la vision que les uns et les autres peuvent avoir de la vie. Petit à petit, je pris conscience de ce qui construisait le bonheur : le fait de s'engager, dans une relation amoureuse, une famille, un travail, peu importe !

Quant à ce qui donne du sens à la vie, il me semblait à présent que c'était de savoir donner le meilleur de soi en se servant de ses qualités profondes, celles qui fondent notre véritable identité. Être bon dans ce qu'on fait et être bon avec les autres... N'était-ce pas la clé de l'épanouissement ?

Certains pourraient objecter qu'ils ne sont bons à rien. Qu'ils sont même mauvais en tout. J'avais maintenant la conviction que ceux qui pensent ainsi ont simplement trop de toxines dans le mental. La bonne nouvelle, c'est qu'il est tout à fait possible de détoxifier son esprit pour que se révèle son potentiel de développement. Tout le monde possède des qualités propres. Il suffit de les identifier, puis de les faire prospérer. On obtient alors l'essence même de ce qui fait le meilleur de soi, un gisement bien plus précieux que tout l'or noir du monde.

J'en étais là de mes réflexions, lorsque je reçus un message de Claude qui faisait écho à mes propres pensées :

Bonjour, Camille !

Au programme des trois prochaines semaines, pensée positive, autosuggestion et méditation... Vous allez avoir du pain sur la planche pour continuer à installer les bonnes pratiques quotidiennes de reprogrammation de votre mental ! Mais c'est pour la bonne cause, n'est-ce pas ?

Je demandai :

Pourquoi trois semaines ?

Il me répondit aussitôt :

C'est le minimum de temps qu'il faut pour qu'un changement se mette en place et commence à devenir une habitude...

Il m'avait envoyé parallèlement un petit colis. Je défis fébrilement l'emballage et débarrassai en hâte l'objet de sa coque de papier bulle. C'était une sorte de bonbonnière en verre transparent, assez jolie, mais qui me laissa circonspecte ! Claude avait glissé à l'intérieur un rouleau de papier. Je dévissai le couvercle et me saisis du message. Le texte courait sur deux longues pages.

Camille,

Voici votre rumignotte... Ce sera votre cagnotte anti-rumination et pensées négatives. Le principe ? Vous mettrez un euro dedans chaque fois que vous aurez des pensées ou des paroles négatives ou stériles. Je ne peux que vous souhaiter de ne pas devenir riche par ce biais !

Je ne vous le répéterai jamais assez : la pensée positive a un réel impact sur votre corps et votre psychisme. Des études très sérieuses le prouvent ! Tenez, un exemple... Une expérience menée par des scientifiques... Ils remplirent d'une même quantité de terre deux contenants à peu près de la grosseur d'une assiette à dessert. Puis ils plantèrent vingt-trois semences de gazon dans chacun des récipients, avec la même quantité d'engrais. Ils les installèrent dans une serre, non loin l'un de l'autre, pour s'assurer que chacun recevrait exactement la même quantité de soleil par jour, et jouirait des mêmes conditions de température pendant la période de germination des graines.

La seule variante était la suivante : chacun à leur tour, et trois fois par jour, les chercheurs s'installaient devant chaque contenant. Devant le premier, ils proféraient des mots très négatifs, des attaques verbales... "Jamais rien ne poussera ici, rien ne va se passer, ça ne donnera jamais du gazon, je doute vraiment que cette terre-là soit fertile et puis, même si ça pousse, je suis sûr que ça va finir par sécher et mourir..." Devant le second pot, leur attitude était au contraire confiante et leurs propos agréables. Ils ne disaient que des choses très positives sur la germination et la possibilité de voir le gazon pousser. "J'ai tellement hâte de voir ce gazon pousser, ça va être extraordinaire ! Il fait beau, la chaleur est parfaite, ça va aider les graines à germer. J'ai les pouces verts, tout ce que je sème réussit..."

Trois semaines plus tard, une photo des deux contenants a été publiée dans le célèbre *Time Magazine*. Inutile de vous dire que du premier, exposé aux commentaires négatifs, n'étaient sorties que deux à trois petites pousses, contrairement au second, qui était rempli de gazon, un gazon vert et foncé, profondément enraciné dans le sol, solide, fort, haut. Vous l'avez compris, Camille : nos paroles ont une vibration. Notre attitude aussi. Si elles ont une telle influence sur des semences, imaginez l'effet qu'elles peuvent produire sur des êtres humains ! Voilà pourquoi il faut faire attention à son dialogue intérieur autant qu'à ses propos extérieurs. Pourquoi ne pas commencer dès aujourd'hui ?

À bientôt... Claude.

Je fus impressionnée par cette démonstration et toute prête à essayer de changer. Mais je subodorais la difficulté pour moi qui avais pris depuis si longtemps le pli de voir et d'exprimer le négatif plutôt que le positif. Claude m'avait prévenue : tout comme l'haltérophile doit s'entraîner quotidiennement, la reprogrammation mentale demande ténacité et efforts. Sans parler de la vigilance. Car l'esprit a tôt fait de retrouver ses vieilles mauvaises habitudes, si on baisse la garde ! Je me promis donc de redoubler de vigilance, et plaçai ma rumignotte bien en vue sur la bibliothèque, dans le salon, en me disant que ce serait amusant de proposer à mes hommes de participer.

L'idée plut beaucoup à Adrien.

Le lendemain matin, tandis qu'il émergeait d'une nuit trop courte, Sébastien se dirigea, maussade, vers la fenêtre...

— Oh non ! Quel temps pourri, c'est déprimant !

Je n'eus même pas besoin d'intervenir. Adrien le fit à ma place.

— Papa ! Un euro ! s'exclama-t-il, ravi de surprendre son père en flagrant délit de négativité.

Sébastien commença par bougonner, puis s'arrêta net, prenant conscience que plus il râlerait, plus il devrait mettre de pièces dans la rumignotte.

— Non, non, non ! D'accord, j'arrête ! Je n'ai pas envie de finir sur la paille !

148

Et il vint embrasser tendrement son gardien-du-positif.

Quant à moi, tous les jours, je m'évertuais à **pratiquer la pensée et l'autosuggestion positives**. À changer mes tournures de phrases. À les formuler non plus de manière négative, mais positive. Non plus à la forme passive, mais active. Une vraie gymnastique de plasticité cérébrale !

Je m'étais imprimé une courte fable que Claude m'avait envoyée et la relisais souvent. C'est l'histoire d'un homme qui va trouver un sage pour apprendre auprès de lui.

— Dites-moi, vous qui êtes sage, qu'est-ce qu'il y a dans votre esprit ?

— Dans mon esprit, il y a deux chiens, un noir et un blanc. Le noir est le chien de la haine, de la colère et du pessimisme. Le blanc est celui de l'amour, de la générosité et de l'optimisme. Ils se battent tout le temps.

Le disciple est un peu surpris.

— Deux chiens ? Qui se battent ?

— Oui, pratiquement tout le temps.

— Et lequel gagne ?

— Celui que je nourris le plus.

Il était clair que depuis des années, mes pensées avaient dû bien plus ressembler à un noir Cerbère qu'à un joli petit bichon maltais ! Mais j'étais résolue à changer le registre canin de mon esprit. Comprenne qui peut.

Claude ajouta à ma liste déjà longue un autre principe à suivre, inspiré de l'adage favori de l'empereur

Auguste : *festina lente*, « hâte-toi lentement ». J'avais, semblait-il, comme beaucoup d'autres personnes, la fâcheuse manie de confondre vitesse et précipitation. Ces dernières années, j'avais passé mon temps à tout faire vite et mal, à vivre comme une mouche coincée dans son bocal, à m'exciter à tout-va, à me cogner la tête contre les vitres de l'existence, faute de m'accorder le temps de me poser et de prendre un recul salutaire.

Je m'exhortais donc à tout vivre un cran moins vite. Ne plus céder à la dictature du *speed*. Agir oui, mais sans pressions inutiles. Toute la différence entre bon stress et mauvais stress.

J'étais en train de m'agiter tranquillement au bureau, lorsque je reçus un nouveau message de Claude. Il me donnait un rendez-vous mystère – encore un ! –, le mercredi qui venait. Une adresse à Charenton-le-Pont. Il me disait juste d'emporter un maillot de bain une pièce et une serviette.

Maillot de bain ? Mais c'est que je n'avais pas vraiment envie d'exécuter quinze longueurs dans une piscine, moi !

21

C'est donc un peu grognon – mais, *fair-play*, j'avais mis un euro dans la rumignotte – que j'arrivai le mercredi au lieu de notre rendez-vous. Contrairement à moi, Claude semblait en pleine forme et assez excité. Quelle surprise m'avait-il encore réservée ?

Je ne tardai pas à le découvrir. Il ne m'avait pas attirée dans une piscine ordinaire, mais dans un centre spécialisé en plongée sous-marine. Lorsque je compris, mon cœur se mit à battre très vite. Oh, le piège ! Il n'allait quand même pas...

Si, il allait !

Je tentai de protester, de me défiler, arguant que je n'avais pas l'habitude de pratiquer l'apnée, que je ne savais même pas si j'arriverais à tenir dix secondes de suite, mais il balaya d'un geste mon appréhension et me fit un topo sur l'exercice : son but était que je comprenne **l'importance de ma respiration pour canaliser mes émotions** et rester maîtresse de moi en toutes circonstances.

Bon... Je voyais bien l'idée générale, mais fallait-il vraiment en passer par cette expérience extrême ?

Apparemment oui, car un moniteur nous rejoignit bientôt avec tout le matériel, et, en moins de temps qu'il ne m'en aurait fallu pour dire « stop », je me retrouvai harnachée d'un équipement très lourd, dont l'usage était à mes mains ce que le chinois était à mon esprit. Une montée de stress me parasita le cerveau ; j'eus le plus grand mal à comprendre et retenir les consignes du moniteur, surtout les gestes de communication à utiliser sous l'eau. Si Claude s'était imaginé que j'allais jouer les sirènes, il se trompait du tout au tout ! Question grâce et agilité, j'avais plutôt l'air d'un éléphant de mer qui aurait grandi au Sahara. Quant à ma physionomie, entre le détendeur qui m'étirait la bouche et mes cheveux hirsutes comme des tentacules, elle évoquait plus Méduse et sa chevelure de serpents que la douce Ariel du dessin animé.

En tout cas, mon allure fit bien rire Claude. J'essayai de lui donner un petit coup de pied, pour venger ma dignité offensée, mais l'eau ralentissait tous mes mouvements. Il dut voir ma ride du lion s'accentuer sous le masque, mais ne releva pas. Il me demanda simplement par signes si tout était OK. Je haussai les épaules pour manifester ma désapprobation. Mais très vite, le moniteur m'entraîna vers le fond et l'expérience m'absorba tout entière. Au début, mon cœur battait très vite, à cause de l'appréhension. Je dus me forcer à respirer calmement pour me stabiliser et ne pas risquer l'hyperventilation. Puis je compris – j'expérimentai – que la respiration était maîtresse du jeu pour guider mon évolution sous l'eau. Après quelques essais infructueux ou aux résultats assez étranges, je commençai à mieux gérer l'affaire. Je finis même par faire le poulpe : et que je monte et que je descends rien qu'en contrôlant mon souffle, captivée par la sensation d'apesanteur ! Je vérifiai le bien-fondé de ce que le moniteur m'avait dit un instant plus tôt, à savoir qu'en faisant varier son volume pulmonaire on modifiait sa flottabilité, devenant à loisir plus lourd ou plus léger. Je pouvais ainsi facilement corriger ma position sous l'eau, au prix d'un moindre effort.

En fin de séance, je me sentais vraiment à l'aise et osai même quelques folles cabrioles en rebondissant sur les parois de la fosse. Était-ce le trop-plein d'oxygène ? J'étais euphorique !

— Alors, c'était bien ? me demanda Claude à la sortie des vestiaires.

— Génial ! Mais vous auriez pu me prévenir !

Je lui donnai un coup de coude pour effacer de son visage son expression goguenarde.

— Ouille ! fit-il en riant. Ça aurait été dommage de rater ça ! Vous étiez charmante en sirène des piscines !

Je lui fis une grimace pour lui rendre la monnaie de sa pièce de taquinerie.

— Si je vous avais dit ce que j'avais manigancé, est-ce que vous seriez venue ? Non, pas vrai ?

Si, vrai...

Je sortis de l'établissement plus fière que j'y étais entrée. Un moment unique qui viendrait grossir les rangs des souvenirs forts notés dans mon Carnet du positif...

Tandis que nous attendions le bus pour retourner à Paris, Claude proposa un point.

— Revenons deux minutes sur la leçon à tirer de cette expérience : quand vous êtes dans un moment de stress, concentrez-vous sur votre respiration et souvenez-vous de ce moment de plongée sous-marine. Le calme sous l'eau, la tranquillité, le contrôle de la respiration, la maîtrise de soi... Même au cours d'une journée normale, prenez conscience de votre respiration. Gardez à l'esprit qu'une bonne respiration ne vient pas seulement de l'inspiration mais tout autant de la qualité de l'expiration. Si vous expirez bien à fond, vous donnez la possibilité à vos poumons de se remplir ensuite d'un air neuf, donc plus profitable à votre organisme !

— Effectivement, il faut le savoir...

— Maintenant, vous savez !

22

Nourrie des enseignements de Claude, je m'appliquais, jour après jour, à devenir plus présente à moi-même, quitte à me surprendre dans des gestes quotidiens. Me brosser les dents ou mâcher en pleine conscience constituaient des expériences nouvelles fort intéressantes et augmentaient sensiblement mon acuité sensorielle. Je comprenais mieux à présent l'expression « vivre à côté de ses pompes ». C'est vrai qu'on pouvait passer son temps comme absent à soi-même, avec la fâcheuse conséquence de ne jamais être au seul endroit qui compte vraiment : l'ici et maintenant.

La veille, Claude m'avait d'ailleurs envoyé un SMS avec une formule qui m'avait beaucoup plu :

Aujourd'hui est un cadeau. C'est pour ça qu'on l'appelle « présent ».

Mais plus je devenais consciente, plus il m'était difficile de voir mon entourage continuer à vivre dans ce qui me semblait désormais être la mauvaise façon.

C'est ainsi qu'un soir je craquai.

— Ah, non, Sébastien ! Pas le portable à table ! C'est insupportable à la fin ! Déjà qu'on ne te voit pas beaucoup, si même quand tu es là, tu n'es pas là...

— Mais si, je suis là ! Excuse-moi. J'attends simplement une réponse urgente pour le boulot, ne t'énerve pas.

— Autant dire que tu fais à peine attention à ce que tu manges...

— Ce n'est pas vrai ! Qui est-ce qui te met ces idées en tête ? C'est ton gourou ?

Respirer calmement. Ne pas entrer dans le jeu... Ne pas s'énerver... Être dans la bienveillance...

— Exactement ! Je suis même en train de travailler sur la pleine conscience, figure-toi ! Et ça change la vie.

— Je ne demande qu'à voir, ironisa-t-il.

— Ok, je te prends au mot. J'allais justement te proposer prochainement une expérience intéressante...

— Ah oui ? Et qu'est-ce que c'est ?

— Tu verras bien !

Je ne dis rien de plus. Je voulais que la surprise soit totale.

Je m'étais inspirée de la méthode de Claude, qui reposait sur l'expérimentation et sa valeur hautement pédagogique, et j'avais déniché dans Paris un endroit très particulier qui allait me permettre de faire comprendre à Sébastien, de manière concrète et empirique, ce qu'était la pleine conscience, ainsi que les bienfaits que l'on pouvait en tirer. J'étais toute contente de moi et me réjouissais d'avance de l'effet de surprise, imaginant déjà sa tête et son petit air amusé que je trouvais si sexy.

Mais le jour dit, quand il découvrit le concept du lieu où je l'avais conduit, il fut surtout inquiet.

— C'était ça, ton idée ? murmura-t-il avec une moue si dubitative que j'eus un brusque coup de flip.

Et si cette soirée en tête à tête qui devait être une petite fête tournait au fiasco, avant même d'avoir commencé ?

Non ! Pas question !

Je m'employai alors à remonter le moral des troupes :

— Allez, Séb', fais-moi confiance ! Ça va être super, tu verras ! On va bien rire.

Pas convaincue, la troupe ! Alors que nous attendions notre serveur attitré, je le voyais qui détaillait d'un œil sceptique l'entrée où nous patientions, cherchant à percer le mystère des lourdes tentures qui occultaient la salle de nos futures « réjouissances », tentures qui n'étaient pas sans rappeler celles des tunnels où s'engouffrent les trains fantômes des fêtes foraines...

Vincent, qui allait s'occuper de nous, arriva enfin. Il me plaça derrière Sébastien, et me fit mettre les mains sur ses épaules, façon chenille. Puis il prit les mains de Séb' et l'engagea à le suivre au-delà des rideaux.

Nous pénétrâmes alors dans une salle plongée dans le noir total. Et quand je dis « total », le mot est encore faible. Soulages, le peintre connu pour ses compositions monochromes noires, aurait parlé d'« ultra-noir ». Je gloussai, tout en sentant des tressaillements dans le dos de Sébastien qui n'en menait pas large.

Nous trouvâmes à tâtons nos dossiers de chaises et nous installâmes pour ce déjeuner à l'aveugle. Je l'avoue, les premiers instants, moi non plus je ne me sentis pas très à l'aise. Enveloppée par ce noir complet, avec pour seul repère spatial la profondeur des sons qui résonnaient autour de nous, j'étais gagnée par une certaine angoisse. Allais-je tenir deux heures ainsi, privée de toute image, accrochée à cette table comme à un radeau dans l'obscurité ?

Dans ce noir, nous avons alors commencé à combler les blancs de paroles décousues, aussi déboussolés l'un que l'autre par cette situation insolite, gauches et maladroits avec cette nouvelle grille de lecture sensorielle. Mais aux paroles et aux rires animés des autres convives, j'en déduisis que ce malaise ne durerait sans doute pas.

Heureusement, l'arrivée du premier plat nous détendit. Vincent, non-voyant, se montra aux petits soins, et nous servit une surprenante entrée. Dans cet univers inédit, nous goûtions autant avec nos doigts, devenus nos yeux, qu'avec notre palais. Nous redécouvrions l'antre gustatif de notre bouche, d'ordinaire humble chaumière, devenue, en cette occasion, palais des mille et une papilles, temple de saveurs inconnues. Le fait d'être privés de la vue semblait décupler les pouvoirs habituels de nos capteurs sensoriels.

— Alors ? Tu vois ce que ça fait de déguster en conscience ce que tu manges ?

— Un point pour toi.

— Avoue que c'est plutôt une belle surprise, non ?

— J'avoue. Tu as fait fort !

Nos voix, nos paroles aussi, avaient une autre résonance. Sans le visage et ses mimiques, la vibration de nos souffles et nos intonations prenaient une signification accrue...

Le repas se poursuivit d'exploration gustative en exploration gustative, ponctué de dégustations œnologiques, subtils nectars dont le bouquet nous explosait en bouche. Nos autres sens révélaient leurs talents cachés. Dire qu'en temps ordinaire, nous les utilisions probablement à moins de dix pour cent de leurs possibilités ! Tout comme notre cerveau...

Au final, je sentis Sébastien conquis. Il commentait avec enthousiasme ce qu'il ressentait, essayait de définir au plus précis les nuances des aliments, des vins, de deviner quels aromates ou quelles épices relevaient les sauces. Cette prise de conscience le touchait bien plus que je ne l'avais escompté, et cette séance d'éveil sensoriel semblait lui avoir donné le goût du reviens-y.

— Très belle initiation, ma chérie, merci ! Mais tu n'as pas peur que tout ceci me donne d'autres idées d'expériences de pleine conscience tout aussi intéressantes à partager, mmm ? demanda-t-il d'une voix chaude en attrapant mon pain plutôt que ma main, puis ma main en renversant mon vin.

Je ris.

Je comprenais très bien de quoi il voulait parler. Et, personnellement, je n'y voyais pas d'inconvénient !

23

J'étais heureuse de mes progrès et de sentir qu'enfin j'avançais sur le bon chemin. Je n'en ressentais pas moins, par moments, une fébrilité pénible, un état d'euphorie bizarre qui chahutait mon sommeil et troublait ma quiétude. Autrement dit, j'étais stressée ! La bonzitude n'était pas encore d'actualité. L'effervescence des changements m'ébouillantait l'esprit. Mes nerfs en surchauffe n'allaient pas tarder à faire sauter les résistances. Il me fallait relâcher les soupapes, sous peine d'imploser. Je ne pouvais pas rester dans cet état de haute tension et en parlai donc à Claude. Il y vit une excellente occasion de me sensibiliser aux bienfaits de la méditation et de la cohérence cardiaque. Des concepts ovnis pour une pile électrique comme moi...

— Rester immobile à ne rien faire, j'ai horreur de ça ! Je me trouve nulle et j'ai l'impression de perdre mon temps. Non, vraiment, la méditation, ce n'est pas fait pour moi...

— Vous dites ça, mais c'est comme le reste, Camille, vous y viendrez. Il y a encore quelques semaines, l'idée de faire dix minutes de gym par jour vous semblait impossible. Manger autrement aussi !

— Oui, mais là, c'est différent : ce n'est pas dans ma nature d'être zen !

— Personne ne vous demande de changer votre nature. Juste de créer quelques aménagements dans votre quotidien pour plus de bien-être et de sérénité.

— Ça doit être formidable pour ceux qui peuvent, je ne dis pas le contraire, mais moi, je ne tiens pas en place, j'ai toujours été comme ça...

— Toujours, jamais ! Et si vous en finissiez avec ces absolus ? Voulez-vous, oui ou non, vous donner une chance d'essayer ?

J'acquiesçai, un peu honteuse, tout à coup, de faire tant d'histoires.

— Ne vous inquiétez pas, Camille ! Vous allez y arriver. C'est un pli à prendre, tout simplement. Après, vous ne pourrez plus vous en passer. Savez-vous que des études très sérieuses ont montré que les moines et autres adeptes de la méditation ont une meilleure santé et un meilleur système immunitaire ? Ça vaut la peine, non ?

— Sûrement, mais pour l'instant, ça me semble surtout très compliqué à mettre en place...

— Une question : est-ce que vous trouvez agréable d'être stressée, sous tension comme ça ?

— Non, pas du tout !

— Pourtant, ça doit vous plaire plus que vous ne le croyez, puisque vous vous accrochez à ce point à votre façon de vivre, dans laquelle vous laissez zéro place au calme et au retour sur soi.

Je voyais bien qu'il cherchait à me pousser dans mes retranchements.

— OK, OK ! cédai-je, alors. Je vous promets d'essayer.

— J'ai toute confiance en vos capacités, me dit-il avec un bon sourire. Vous verrez, ce n'est pas plus sorcier que ça. Il s'agit juste de s'entraîner à faire le calme, le silence, et à apprendre à regarder ce qui se passe en soi. Commencez déjà, deux à trois fois par jour, par une séance de respiration profonde : six respirations par minute, pendant cinq minutes. C'est à ce rythme-là que la physiologie s'apaise. Vous pouvez le faire n'importe où, même dans le métro !

— Il faut voir...

— Un autre exercice très intéressant est celui que j'appelle l'harmonisateur : il mélange les principes de cohérence cardiaque et de visualisation positive.

— Ça devient un peu compliqué, non ?

— Pas du tout ! Le principe de base est le même... Vous vous créez dans la journée une bulle de tranquillité en vous isolant dans une pièce où vous ne serez pas dérangée. Vous vous asseyez confortablement, le dos droit, et vous installez une respiration paisible. Puis vous portez la main à votre cœur et respirez en le visualisant qui se gonfle à chaque inspiration et se vide à chaque expiration. Une fois le calme bien installé en vous, vous ajoutez une visualisation positive : un souvenir qui vous « fait chaud au cœur », et vous essayez d'en revivre intensément les émotions et les sensations. C'est simple, non ?

— Et s'il ne me vient aucune image ?

— Je reconnais qu'au début ça pourra vous sembler un peu difficile. Mais je vous conseille de vous constituer petit à petit un **catalogue intérieur d'images et de souvenirs positifs**. Un album de photos mentalisé...

Plus vous y travaillerez, plus il sera fourni, et plus vous pourrez y accéder facilement.

— Ah oui, pas mal !

— Mais je crois qu'à ce stade, ce qui vous sera le plus utile, c'est de rencontrer un vrai grand maître de la question...

— ... ?

— Maître Wu. Je vais vous conduire auprès de lui. Vous verrez, après cette visite, tout vous semblera bien plus clair...

Nous fîmes trois quarts d'heure de route avant d'arriver chez M. Wu. J'étais impatiente de connaître cet expert en méditation ! Tandis qu'un paysage de rase campagne défilait sous mes yeux, je m'entraînais discrètement à la respiration contrôlée et à la visualisation positive.

— Vu, Camille ! s'écria soudain Claude.

— Quoi ?

Il afficha un petit sourire goguenard.

— Voilà quelques minutes que je vous observe discrètement, et je vous vois vous entraîner !

— Et... ?

— Rien, rien ! C'est très bien ! Continuez... Ne vous occupez pas de moi.

Enfin, nous arrivâmes à destination. Les pneus crissèrent sur le gravier, tandis que nous pénétrions dans la cour de la maison. Des chiens accoururent à notre rencontre en aboyant de leur grosse voix grave enrouée de giclées de bave. La maîtresse des lieux les rappela à l'ordre. Les chiens obéirent au doigt et à l'œil. Sans doute aurait-elle pu nous faire croquer le mollet ou lécher la main d'un simple haussement de voix ou d'un claquement de langue. Une telle assurance naturelle m'impressionna. Claude l'avait prévenue de notre arrivée. Son sourire nous ouvrit les bras.

— Bonjour, Claude. Comment vas-tu ?

— Très bien, Jacqueline, et toi ? C'est vraiment gentil de nous accueillir. Je te présente Camille, dont je t'ai parlé...

Au-delà de son côté matrone, je découvris en Jacqueline une femme au visage poupin, aux formes généreuses et au tempérament jovial. Bizarrement, je ne m'attendais pas à cette allure. J'imaginais quelqu'un de plus... oriental !

— Ravie de faire votre connaissance, Camille. Vous voulez donc rencontrer Maître Wu ? demanda-t-elle en me fixant de ses yeux malicieux.

— Euh, oui.

— Je comprends ! Beaucoup de personnes veulent faire sa connaissance ! Suivez-moi...

Nous traversâmes alors un grand salon, joliment typé avec sa cheminée ancienne et ses poutres apparentes, et baignant dans le doux soleil d'hiver qui filtrait à travers de larges baies vitrées.

— J'adore votre salon.

— Merci, répondit notre hôtesse en souriant, apparemment ravie du compliment. Voilà... Maître Wu est dans la cour. Je vous laisse aller à sa rencontre. Je serai dans la cuisine. À tout à l'heure...

Claude me fit passer la première. J'arborais déjà un sourire chaleureux, avenant, tandis que mes yeux balayaient la cour. Puis mon sourire s'affaissa. Je ne voyais personne. Déception. Maître Wu était peut-être parti ?

Devant mon air dépité, Claude précisa :

— Le voilà...

Mais je ne voyais toujours personne.

— Là, Camille ! m'indiqua-t-il d'un geste.

Je suivis la direction de son doigt. Confortablement installé sur un coussin brodé, un splendide chat persan somnolait tranquillement, allongé de tout son long. Il se dégageait de lui un mélange de majesté et de paix absolue. J'accusai le coup, puis, retrouvant mes esprits, me tournai vers le joyeux plaisantin. Trois quarts d'heure de route pour ça ?

— Vous, alors ! dis-je d'une voix lourde de reproches.

Le visage de Claude affichait un mélange de satisfaction et de contrition. Il était sans doute content et confus tout à la fois de sa blague.

— Pardonnez-moi ce petit tour, Camille. Mais je n'ai pas trouvé de meilleur exemple que Maître Wu pour vous montrer ce que pouvait être la relaxation ! Vous qui avez l'impression que vous ne saurez pas méditer, commencez par apprendre à **faire le chat** quelques minutes par jour ! Lui n'a pas son pareil pour être paisible et calme, bien ancré dans l'instant présent !

Je lui lançai un regard furibond qui le motiva à se réfugier dans la cuisine, auprès de Jacqueline.

Restée seule avec Maître Wu, je pris quelques instants pour le regarder vivre et fus surprise de me sentir envahie par une agréable sensation de paix. Il écrivait, de ses paisibles battements de queue, une invisible prose sur l'éloge de la lenteur. Un hymne au *carpe diem* à lui tout seul. Il ne broncha pas lorsque je plongeai la main dans sa fourrure chaude pour une longue caresse.

Je sus dès lors que je ne pourrais plus en vouloir à Claude de m'avoir conduite ici. Apaisée, je les

rejoignis, Jacqueline et lui, dans la cuisine. Ils bavar-
daient gentiment, dégustant une tasse de thé à la menthe
« du jardin », me précisa notre hôtesse. Je vis que
Claude guettait sur mon visage l'état de mon humeur.
Il y lut mon remerciement muet et en eut l'air content.

L'après-midi s'acheva par une note gourmande,
avec une tarte aux quetsches qui ne me fit pas regretter
le déplacement...

24

Depuis ma rencontre avec Maître Wu, je m'amusais à jouer le plus souvent possible au chat, pour le plus grand bonheur de mes terminaisons nerveuses.

Bizarrement, plus je gagnais en sérénité, plus je sentais mon énergie vitale revenir en force. Et avec elle, je dois l'avouer, une recrudescence de libido ! Honnêtement, j'en étais un peu déboussolée. Embarrassée de ces nouvelles pulsions, j'essayai d'abord de les ignorer. Je n'osais en parler à Claude... Ne me jugerait-il pas un peu trop hardie ?

Finalement, n'y tenant plus, je provoquai une discussion sur ce thème.

— Je ne sais pas comment vous en parler mais... voilà : depuis quelques jours, je ressens une sorte de... regain de libido, et ça me laisse perplexe. Je voulais savoir si ça avait un lien avec notre programme de transformation.

Il se racla la gorge, manifestement surpris par ma question, mais me répondit quand même.

— Ça ne me surprend pas plus que ça, Camille. Oui, bien sûr, ça va de pair avec les changements que vous avez mis en œuvre : le fait d'agir, de reprendre votre vie en main, de travailler votre physique et votre mental contribue à générer d'excellentes énergies. Ce qui vous met forcément dans de bonnes dispositions pour vivre à fond votre vie de femme. C'est plutôt une bonne nouvelle, non ?

— Oui... mais je ne sais pourquoi, je me sens mal à l'aise. C'est pour ça que j'ai eu besoin de vous en parler...

— Mmm... Je comprends. Peut-être que vous êtes étonnée de découvrir une facette de vous-même jusque-là inexplorée ? Une autre Camille, en quelque sorte. Une femme plus audacieuse, assumant mieux ses désirs et sa sensualité.

Je rougis.

— C'est que... je ne suis pas encore sûre d'aimer l'image que ça pourrait renvoyer de moi...

— C'est bien normal. Encore de nos jours, le poids du patrimoine éducatif bien-pensant se fait sentir. Des millénaires de sexualité passée à la moulinette de la morale et des tabous, ça laisse des traces ! Et les femmes commencent à peine à assumer pleinement une sexualité libérée et des désirs aussi forts que ceux des hommes... Il ne reste plus que tout le monde accepte cette nouvelle donne érotique !

— Justement, j'aimerais bien insuffler ces nouvelles énergies à mon couple. Être force de proposition, innover, si vous voyez ce que je veux dire... Vous croyez que je dois me lancer ?

Claude me sourit, les yeux pétillants.

— Sans aucun doute. Votre mari ne pourra qu'apprécier !

Pas si sûr que ça...

Je me lançai tout de même... Durant toute la semaine suivante, je complotai pour préparer ma surprise. Adrien casé chez ma mère pour la soirée. La robe noire au chic éternel, avec ce qu'il fallait d'audace dans le décolleté pour troubler même un compagnon de longue date. Les escarpins aux talons de dix centimètres réservés aux grandes occasions. Le champagne prêt à être servi dans des coupes givrées, pour réserver un accueil digne de ce nom à mon cher et tendre.

Un dernier coup d'œil dans le miroir : assurément, j'étais sublime ! Cela faisait longtemps que je ne m'étais vu une si belle ligne, des yeux aussi pétillants et le teint aussi lumineux. Sébastien allait fondre... Ne pouvait que fondre...

Quand il rentra, il mit quelques secondes à s'acclimater à la pénombre avant que son regard ne tombe sur moi. Je lui envoyai alors mon sourire le plus charmeur, qui le statufia. Je profitai secrètement de cet instant suspendu où je lisais dans ses yeux l'effet escompté : la surprise, le trouble, l'intérêt.

Enfin !

Je décidai alors d'entrer de plain-pied dans le théâtre de ma reconquête et de lui jouer directement la grande scène du II, celle du baiser de cinéma sous les spotlights de l'halogène du salon.

Mes bras se firent lianes autour de ses épaules.

— Hello, beau brun, dis-je en empruntant une voix rauque et sensuelle, jeu de rôle oblige.

Cela m'amusait de le sentir bousculé, presque intimidé.

— Waouh, quel accueil ! souffla-t-il. Tu es magnifique !

Je jubilai intérieurement.

— Et vous n'avez encore rien vu ! dis-je, le vou-
voyant à dessein, complètement absorbée par mon rôle
de déesse glamour.

Rideaux sur nos paupières. Plan rapproché sur un
baiser suave et torride.

J'écrasai ma bouche contre la sienne, prise à mon
propre jeu de sensualité. Mon corps cambré pressé
contre le sien, une main appuyée sur le bas de ses
reins, l'autre glissée sous sa chemise, je projetais déjà
la scène sur l'écran noir de notre nuit blanche. J'étais
grisée. Ma main s'aventurait déjà le long de sa cuisse,
lorsque Sébastien m'arrêta.

Je ne compris pas pourquoi.

— Ça va, chéri ? Qu'est-ce qui se passe ? murmurai-
je d'une voix déjà engourdie par les prémices du plaisir.

— Oui, oui, ça va, c'est juste que...

Mon téléphone sonna à ce moment-là. Je maudis les
nouvelles technologies. Allons bon ! Ma mère...

J'avais oublié de mettre l'antihistaminique d'Adrien
dans son sac. Petit nœud de culpabilité. Je la rassurai :
pour un soir, ce n'était pas très grave. Oui, il pourrait
s'en passer. Non, pas la peine d'aller à une pharmacie
de garde. Tandis que je l'écoutais distraitement, je
jetais des regards obliques à Sébastien, pour tenter
de sonder son humeur.

— Oh, oh ! gloussa ma mère. À ta voix, j'entends
que je dérange ! Dis-moi, ta soirée s'annonce plutôt
bien, non ?

Je détestai l'idée qu'elle essaie de s'imaginer ce qui
était en train de se passer à la maison.

— Maman ! protestai-je.

Puis je me radoucis. C'était quand même grâce à elle
que je passais cette soirée tranquille. Enfin, j'espérais

qu'elle ne serait pas que tranquille ! Quoi qu'il en soit, je la remerciai chaleureusement avant de raccrocher.

Sébastien s'était levé et se tenait à présent près de la fenêtre, me tournant le dos. Je m'approchai sans bruit, le pris dans mes bras et lui murmurai à l'oreille :

— Eh ! Qu'est-ce qui ne va pas ?

Pour ne pas avoir à répondre, il se mit à me donner une pluie de petits baisers dans le cou, sur les joues, sur la bouche.

— Sébastien, arrête, dis-je doucement. Dis-moi.

Ses yeux fuyaient les miens. D'une main tendre, je l'obligeai à me regarder.

— Excuse-moi, Cam, lâcha-t-il, c'est absurde. Je ne sais pas ce qui m'arrive. Tu es là, superbe, sexy, entreprenante et d'un coup, ça me...

— Ça te quoi ?

— Je ne sais pas, ça me fait bizarre !

Je relâchai mon étreinte pour m'éloigner d'un pas.

— Ok. Tu n'aimes pas, quoi ?

— ...

Son silence me blessa et je sentis monter en moi une bouffée d'énervement. Déçue autant qu'agacée, je saisis les coupes de champagne vides pour les rapporter à la cuisine, faisant claquer bruyamment mes talons sur le parquet en signe de protestation. Je rangeai tout ce qui me tombait sous la main avec le plus de bruit possible.

Lui s'était approché en silence et se tenait aussi immobile que je m'agitais dans tous les sens. Je sentais sur moi son regard triste et confus. Au bout d'un instant, n'y tenant plus, je m'arrêtai devant lui.

— Quoi ? Parle ! Vas-y ! Qu'est-ce qui ne va pas ?

Il hésitait à se confier. Je le voyais à ses lèvres qui remuaient dans le vide.

Puis, soudain, il éclata.

— Je suis con, je suis trop con, pardon ! Depuis quelque temps, tu es tellement différente, tellement plus... Et moi... moi...

Maintenant, c'était lui qui s'agitait, parcourant la pièce de long en large, faisant de grands gestes avec les bras comme pour mieux trouver ses mots.

Sa gaucherie m'attendrit. Je m'approchai et lui enserrai la tête entre mes mains.

— Quoi, toi ? dis-je doucement.

— Moi... J'ai peur, je crois.

— Peur !?

— Oui, peur. Tous ces changements dans ta vie... Ta manière d'aller de l'avant, de bousculer tes habitudes, d'oser être pleinement toi...

— Eh bien ? C'est plutôt positif, non ?

— Oui... C'est bien, mais...

Il gardait sa confidence sur le bout des lèvres, sans doute inquiet de ce que j'allais en penser.

— Mais quoi, Sébastien ?

— Et si je ne changeais pas assez vite à ton goût ? Si je n'étais pas à la hauteur de la nouvelle Camille ?

C'était donc ça ? Je n'aurais pas cru. Je le trouvai touchant dans ses craintes. Je plantai un regard bien assuré dans le sien et lui souris avec amour.

— Jamais de la vie ! Qu'est-ce que tu vas imaginer ? Je t'aime, Sébastien, comme jamais. Et tous ces changements, c'est aussi pour toi que je les fais, pour que tu sois fier de moi, que tu me trouves toujours désirable !

— ...

Il approcha ses lèvres des miennes en guise de réponse et musela mes doutes d'un long baiser troublant. Et cette fois, rien ni personne ne l'interrompit...

25

Depuis cette nuit-là, l'ambiance à la maison s'était transformée radicalement. Un sirocco de complicité soufflait sur nos amours, dont les braises ravivées ne demandaient qu'à prendre de plus belle. Quant à mon fils, j'avais décidé d'adopter les principes suggérés par Claude afin de ne plus stresser pour un oui pour un non : arrêter d'en faire trop et de m'en faire trop ! Bref, m'offrir plus de légèreté dans la manière d'accomplir les tâches quotidiennes. « Descends de ta croix, on a besoin du bois », m'avait dit Claude un jour en riant, pour me faire comprendre qu'il fallait que j'abandonne mon rôle de mère au bord de la crise de nerfs pour m'y prendre différemment.

Tout d'abord, je pris le temps de m'intéresser un peu plus à l'univers d'Adrien. En catimini, je me mis à la page des dernières grandes actualités footballistiques. J'appris même par cœur le nom des plus grands joueurs et les principales règles du jeu. La soirée « match » suivante, au lieu d'être pour moi un morne temps mort, fut réjouissante : la tête de mes hommes ébahis par mes connaissances valait le détour ! Du coup,

Adrien m'interpella autant que son père pendant le match. « T'as vu cette action, maman ? » criait-il à tout bout de champ en me donnant des bourrades viriles. Et au premier but de son équipe favorite, c'est dans mes bras qu'il sauta pour crier « Goal ! » Pour sûr, moi aussi, j'avais marqué des points.

J'entrepris aussi de m'initier à son univers musical en écoutant ses hits préférés. Bruno Mars, Ariana Grande, Nicki Minaj, Jackson Derulo, David Guetta... La première fois que je me mis à entonner les paroles d'une de ses chansons préférées en même temps que lui, il n'en revint pas et je crus lire dans ses yeux quelque chose qui ressemblait à de l'admiration teintée de respect.

Ces nouvelles dispositions changèrent considérablement la couleur de nos relations. La porte du dialogue s'ouvrait en grand de nouveau.

Sur cette lancée, je m'attaquai au point noir des devoirs.

— Tu sais, Adrien, je déteste quand je me mets en colère, que je te crie après pour les devoirs et qu'on se dispute... Je me sens très mal... J'ai vraiment envie que les choses changent. Pas toi ?

Il fit oui de la tête.

— Est-ce que tu saurais expliquer, toi, pourquoi tu trouves si difficile, parfois, de t'y mettre ?

Il prit le temps de réfléchir et je trouvai son sérieux à choisir au mieux les mots pour me répondre attendrissant.

— Je sais pas. Déjà, c'est pas drôle, les exercices, et puis il y en a trop. Surtout, j'ai l'impression que ça t'énerve tellement que ça me stresse. J'ai peur de me tromper et que tu me grondes... Du coup, j'ai même plus envie d'essayer.

J'accusai le coup et repensai au conseil de Claude : laisser de côté la mitraillette à reproches et parler de son ressenti, dire « je ».

— Quand je m'énerve, lui expliquai-je alors, c'est que je suis inquiète pour toi. Je pense à ton avenir et j'ai peur que tu ne prennes pas assez tes études au sérieux. C'est tellement important pour plus tard, de bien travailler à l'école ! Ce que je veux, c'est que tu puisses avoir la meilleure vie possible quand tu seras grand.

— Je sais, maman. Mais tu t'inquiètes trop ! Tu ne me fais pas assez confiance.

— C'est possible, concédai-je en souriant. J'essaie juste d'être une maman acceptable.

— Arrête ! T'es une super maman !

— Tu crois ?

— Mais oui, m'assura-t-il en prenant ma main dans la sienne avec un sourire espiègle.

Mon cœur se gonfla de gratitude. Je songeai aux techniques de pédagogie positive que Claude m'avait données.

— Que dirais-tu si on essayait de changer la façon de faire les devoirs ? suggérai-je alors.

— Comment ?

— Eh bien, on pourrait faire en sorte que ce soit plus amusant, par exemple...

— Ça m'irait bien !

— Tope-là !

On topa de trois manières différentes, avant de se prendre dans les bras l'un de l'autre pour un gros *hug*.

— Je t'aime, maman, murmura-t-il dans mon cou.

Je le serrai plus fort.

— Moi aussi, je t'aime, mon chéri.

C'est ainsi que je mis en place une méthode d'éducation moins orthodoxe mais ô combien plus amusante. J'utilisai par exemple le principe du *1, 2, 3, soleil* pour les récitations : tu avances d'un pas vers la table à chaque bonne réponse et tu recules de deux quand c'est faux. Ou bien l'apprentissage des leçons en chansons. Un vrai succès ! Non seulement Adrien apprenait trois fois plus vite, mais en plus, il s'amusait comme un fou.

J'appliquai la même approche pour les corvées de table et de cuisine. Au lieu de m'égosiller à demander cinquante fois de suite une aide qui mettait des heures à arriver, je trouvai une astuce pour motiver Adrien : je le convainquis de créer avec moi un restaurant imaginaire dont il serait le chef. Sa façon de s'impliquer et de se prendre au jeu me surprit. Je ne m'attendais pas que ça marche dans ces proportions.

Il prit si au sérieux cette entreprise qu'il créa une recette tout à fait originale de boulettes de viande aux sept épices, à l'indienne. Je coupai la viande en dés, je la hachai avec le robot. Je coupai de l'ail, il broya au pilon une chapelure maison. Lui qui d'habitude ne jurait que par les écrans semblait s'en donner à cœur joie avec ces travaux manuels ! L'étape finale de rouler les boulettes dans l'œuf puis dans la chapelure aux graines de sésame fut pour lui carrément jubilatoire. Je le revis, cinq ans plus tôt, quand il jouait encore à la pâte à modeler avec cette grâce enchantée de la petite enfance... Nous n'échangeâmes que peu de paroles, durant cette séance d'intense création culinaire, mais nos sourires et nos gestes synchronisés en disaient long sur l'harmonie de l'instant. En grand chef étoilé, il s'amusait à me donner des ordres comme si j'étais son commis, rôle auquel je me pliais volontiers, tant j'étais heureuse de voir ma stratégie fonctionner...

Ces changements me permirent ainsi de dégager du temps et de l'énergie pour me consacrer à une tâche d'envergure : construire mon nouveau projet professionnel. Car c'était décidé, je ne voulais plus continuer à exercer mon métier de commerciale, mais revenir à mon rêve initial : travailler dans le stylisme et la création pour enfants.

Comme me le disait Claude, il était temps pour moi de faire coïncider mon projet de vie avec ma personnalité et mes valeurs profondes.

Je commençai par me lancer dans des recherches exploratoires. Mon désir profond n'était pas de prendre une franchise, mais de créer ma propre marque, mon propre concept. Rapidement, néanmoins, je dus me rendre à l'évidence : le marché du prêt-à-porter pour enfants semblait saturé et les débouchés bien minces...

Autre constat sans appel : avec la crise, les gens ne dépenseraient jamais des sommes importantes pour acheter des vêtements de bébés qui, un mois après, seraient déjà trop petits...

Dès lors, quel créneau trouver ?

L'inspiration me vint en « googlestormant ». Une technique de créativité inspirée du *brainstorming* dont m'avait parlé Claude et qui permettait de trouver des idées grâce aux recherches par internet.

C'est ainsi que je tombai sur une marque néerlandaise qui proposait un principe de *fashion leasing* : louer son jean à l'année, comme son véhicule ou son appartement ! Moyennant un abonnement mensuel de cinq euros, le client avait l'assurance de porter un vêtement de marque toujours à la dernière mode, tout en étant acteur du développement durable, avec la possibilité, *in fine*, d'acheter le vêtement ou de le rendre pour profiter d'un autre en location !

Mon cerveau s'emballa aussitôt : pourquoi ne reprendrais-je pas ce principe pour des vêtements de tout-petits ? Des vêtements bioéthiques pour les 0-3 ans, auxquels j'apporterais une véritable valeur ajoutée par le biais d'ajouts de matières et de motifs qui rendraient chaque pièce unique. Je n'aurais qu'à m'associer avec des fournisseurs de vêtements de base bioéthiques, bodys, T-shirts, pantalons, pour ensuite les customiser. Du prêt-à-porter haute couture accessible à toutes les bourses... Oh, oui... Je tenais là quelque chose !

Mon esprit s'échauffait, emporté par l'enthousiasme. Tous les parents adorent créer un look à leur bébé. Qui n'a jamais gagatisé devant les habits miniatures, si craquants ? Seul hic : le prix prohibitif de tenues originales dont il faut changer trop souvent... Mais avec mon concept, ils pourraient renouveler autant qu'ils le voudraient la garde-robe de leurs petits mignons grâce au système du leasing ! Rapidement, j'établis une base de calcul : je pourrais proposer un contrat de location de chaque petit vêtement à cinq euros par mois, en moyenne.

Je travaillai sans relâche pour peaufiner mon projet, commençai à créer mes premiers prototypes pour avoir de quoi démarcher des partenaires.

Sur le conseil de Claude, je pris contact avec une pépinière d'entreprises, structure d'accompagnement de tout porteur de projet de création, et préparai un solide dossier de présentation. Puis je croisai les doigts pour obtenir l'accord du comité d'agrément...

Les choses prenaient une tournure plutôt convaincante. Je sentais de bonnes vibrations. Quinze jours plus tard, lorsque je reçus une réponse positive de la pépinière, j'en tombai presque à genoux de bonheur ! Sébastien, malgré des inquiétudes somme toute bien légitimes, avait décidé de me soutenir. Ne restait plus maintenant qu'à annoncer la « bonne » nouvelle à ma mère... Cette idée m'enchantait beaucoup moins. Pour elle, le CDI était, professionnellement, la seule option recevable. La connaissant comme si je l'avais faite – et non l'inverse –, j'appréhendais de lui révéler les bouleversements de ma vie... À juste titre.

26

Je sonnai à la porte du petit appartement qui m'avait vue grandir avec un mélange d'excitation et d'appréhension. Ma mère m'accueillit avec un grand sourire et me serra dans ses bras, en une tendre accolade. J'étais nouée à l'idée de ce que j'allais lui annoncer, me demandant comment elle réagirait. Je savais que d'ici quelques instants peut-être, cette harmonie tout miel volerait en éclats...

— Installe-toi, ma chérie. J'arrive. Il faut juste que je voie où en est ma blanquette de veau...

— Maman ! Tu t'es encore donné trop de mal ! Je t'ai dit un petit dîner tout simple.

— C'est trois fois rien et ça me fait tellement plaisir !

Je capitulai. Comme toujours.

Je m'installai sur le canapé du petit salon, les jambes croisées, les battements de mon cœur serré réglés sur ceux de la grande horloge design qui trônait dans la pièce, trophée rapporté d'un périple à New York.

Ma mère me rejoignit, fringante à l'idée de ce tête-à-tête entre filles.

— Voilà ! Je suis toute à toi !

Je me raclai la gorge. Elle s'aperçut de mon malaise et une ombre passa aussitôt sur son visage.

— Ça va, ma chérie ? Tu as l'air tout chose...

— C'est que... j'ai une nouvelle importante à t'annoncer.

— Oh mon Dieu ! Tu quittes Sébastien ?

— Mais non, maman...

— C'est lui qui te quitte ?

— Maman ! m'agaçai-je. Pourquoi faut-il que tu projettes toujours sur moi tes pires angoisses ?

Son visage se rembrunit plus encore.

— Je ne projette pas, ma chérie. Je suis juste lucide sur la réalité de la vie... Regarde ce que ton père nous a fait...

— Ça, c'est *ton* histoire, maman ! Ça ne veut pas dire que les choses se passeront de la même manière pour moi !

— Tu as raison, excuse-moi... Alors, cette grande nouvelle ? Oh, je sais ! Tu es enceinte !

Pourquoi fallait-il toujours qu'elle revienne à la charge sur ce point ? Ne pouvait-elle respecter le fait que je ne désirais pas d'autre enfant ?

— ...

— Non ? Bon... Dis-moi, alors, m'encouragea-t-elle en me prenant la main.

— Je vais quitter mon travail.

Elle retira aussitôt sa main.

— Ce n'est pas vrai ?

— Si, maman, c'est vrai. Tu sais, il y a quelque temps, j'ai rencontré un homme formidable...

— Tu trompes Sébastien ! s'indigna-t-elle.

— Maman ! Arrête de finir mes phrases et laisse-moi te raconter ! Bien sûr que non, je ne trompe pas Sébastien... L'homme que j'ai rencontré m'accompagne depuis quelque temps afin de m'aider à faire le bilan de ma vie et à retrouver le chemin de mon bonheur perdu...

— Comment ça, perdu ? Je croyais que tu étais heureuse ! Pourquoi tu ne m'en as pas parlé ? Je ne comprends pas... Tu as un travail, un mari qui t'aime, un enfant magnifique...

— Oui, maman, j'ai tout ça et je croyais que j'étais heureuse, moi aussi... Mais un matin, je me suis réveillée complètement vide, submergée par un vague à l'âme terrible... Grâce à Claude, je suis en train de retrouver un sens à ma vie.

— Claude ? Il s'appelle Claude ? Qu'est-ce qu'il fait, ce type, dans la vie ?

— Il est... routinologue.

— ...

— C'est une nouvelle approche de développement personnel, très forte..., tentai-je de me justifier.

— Qu'est-ce que c'est que ce truc ? s'alarma-t-elle aussitôt. Tu sais qu'il faut se méfier... Il y a tellement de charlatans, maintenant ! Sous prétexte de te vendre du rêve et une vie meilleure, ils te font tomber sous influence...

Je savais que ça tournerait comme ça...

— Maman ! Ce n'est pas du tout ça ! Quand est-ce que tu arrêteras d'avoir peur pour moi et de me traiter comme une petite fille ? Je sais ce que je fais.

— ...

Et maintenant, le mutisme. Elle me mettait les nerfs à vif.

— Je vais enfin réaliser mon rêve, maman : monter un projet pour travailler dans la mode pour enfants.

— Tu es consciente que c'est bouché, comme secteur ?

Je la sentais osciller entre l'anxiété et l'offuscation.

— Oui, mais là, j'ai imaginé un concept unique et original ! Tu connais le leasing ?

— Le leasing ? Non...

— C'est un système pratique, économique et écologique qui permet aux gens de louer des produits, avec option d'achat. C'est déjà très répandu chez les concessionnaires automobiles et dans le secteur du jouet. En cette période de crise, les gens n'achètent pas de vêtements de luxe pour les bébés. Trop cher pour si peu de temps d'usage. Par contre, je leur proposerai de les louer moyennant cinq à quinze euros par mois. Je suis sûre que ça va cartonner !

Je m'emballai. Mais ma mère, de toute évidence, était loin de partager mon enthousiasme.

— Et tu quittes un CDI pour ça ? Moi qui, toute ma vie, ai essayé de t'inculquer l'importance de la stabilité financière... Tu te rends compte que tu pourrais mettre en péril ton équilibre familial et le confort matériel d'Adrien, si jamais ça ne marchait pas ?

— Pourquoi faut-il toujours que tu envisages le pire ? J'ai besoin que tu croies en moi, maman ! Pas que tu flingues mes projets à coups d'inquiétude et de pessimisme !

— Et Sébastien, il en pense quoi ?

— Il me soutient. Nous avons fait nos calculs pour tenir le coup les premiers temps...

— Que de risques ! Que de risques !

— Oui, mais la vie elle-même est un risque ! Il faut que tu comprennes que ce projet représente pour moi une immense bouffée d'oxygène. J'ai l'impression de revivre, d'être enfin moi !

— ...

Autant pisser dans un violon !

— Bon, je crois que je vais y aller. Je vois bien que tu n'es pas encore prête à accepter cette idée.

— ...

Elle ne chercha pas à me retenir. Elle semblait assommée !

Une fois dans la rue, je fus saisie d'émotions contradictoires. Triste de me sentir incomprise par ma propre mère. Agacée qu'elle ne me fasse jamais confiance quant à ma capacité à m'en sortir, mais aussi libérée d'avoir été moi-même, fidèle à mes rêves et à ma personnalité profonde. Enfin, j'avais mis un stop au « faire plaisir » systématique. J'osais vivre la vie qui me ressemblait et non une vie que ma mère avait imaginée pour moi. J'étais néanmoins encore un peu mal à l'aise dans ma nouvelle peau ; je ressentais de l'inconfort... Je m'exaltais sur mon nouveau projet, mais que se passerait-il si, au bout du compte, j'échouais ? Si ma mère avait raison, avec ses mises en garde ? Ces pensées me gâchèrent un peu le plaisir... Je ressentis alors un vif besoin d'en parler à Claude. J'avais hâte d'avoir son avis sur le sujet.

27

Claude m'avait de nouveau donné rendez-vous pour une de ces séances aussi inattendues dans leur forme et leur contenu que riches d'enseignements. Mais cette fois, j'en connaissais précisément le lieu : le musée du Louvre. Je ne voyais cependant pas pourquoi il m'y avait entraînée, et tandis que nous arpentions les innombrables galeries, je me demandais ce qu'il allait bien pouvoir tirer de son grand chapeau de magicien. En attendant de le savoir, je lui contai mon face-à-face avec ma mère. Mais je le trouvai distant, ce qui ne lui ressemblait guère. À quoi songeait-il ? M'écoutait-il vraiment ? Je m'évertuais à essayer de lui faire comprendre mes émotions, à quel point le scepticisme de ma mère m'avait ébranlée, et lui ne sourcillait même pas, poursuivant sa calme déambulation parmi les tableaux...

— Claude, vous ne m'écoutez pas ! m'impatientai-je à la fin, énervée de son détachement, alors que je vivais un véritable tsunami intérieur.

Après tout, c'était lui qui m'avait demandé de le rejoindre au Louvre ! Si c'était pour le voir agir exactement comme s'il y était venu seul, à quoi bon m'être déplacée ?

Il ne me répondit pas, et mit le doigt sur la bouche pour m'enjoindre de faire silence. Je fus sur le point d'exploser d'indignation. Il accéléra cependant légèrement le pas et, avec un sourire énigmatique de circonstance dans le temple de la *Joconde*, me conduisit dans la salle du grand maître, Léonard de Vinci. Toujours sans un mot, il me fit asseoir sur l'une des banquettes, face à son ultime chef-d'œuvre : *La Vierge, l'Enfant Jésus et sainte Anne*. Et nous restâmes là une longue poignée de secondes, face à la toile.

— Que voyez-vous, Camille ? me demanda-t-il enfin.

Perplexe, je laissai mes yeux courir sur le tableau, essayant d'en percer la signification.

— Eh bien, je vois la Vierge qui semble vouloir prendre l'Enfant Jésus dans ses bras, mais en même temps, j'ai l'impression que l'enfant essaie de lui échapper, plus intéressé par le petit agneau qu'il veut lui-même attraper que par la tendre invite de sa mère... Quant à sainte Anne, je lui trouve un air de détachement et de bienveillance.

Claude sourit à mes propos.

— En fait, Camille, je vous ai amenée ici pour vous montrer ce tableau et vous expliquer ce qu'il reflète à mes yeux de la relation mère-enfant.

La relation mère-enfant... L'image furtive d'Adrien murmurant dans mon cou « je t'aime, maman » traversa mon esprit, et j'eus en même temps la sensation physique de sa chaleur contre moi. Puis je me revis dans le salon de ma mère, essayant de lui parler de mes projets professionnels, sous le jet constant de ses interruptions.

— L'agneau symbolise le sacrifice, poursuivit Claude, et le fait que Jésus le prenne dans ses bras signifie qu'il accepte son destin funeste. Marie, en tant que mère, cherche à l'éloigner de ce destin de souffrance. Ce que dit son geste protecteur. Quant à sainte Anne, elle reste dans une attitude de retenue ; elle regarde sans intervenir, ce qui montre qu'elle accepte symboliquement le destin de son petit-fils.

Cette analyse éclairante de ce qui n'était encore pour moi, quelques instants plus tôt, qu'une charmante scène pastorale, me souffla. Suspendue à ses paroles et les yeux fixés sur le tableau avec un intérêt renouvelé, j'attendis la suite avec impatience.

— Toute mère a peur pour son enfant et cherche par tous les moyens à le préserver de la souffrance, Camille. C'est naturel, intrinsèque à l'amour maternel. Mais ce peut être parfois un frein pour l'enfant qui doit accomplir son destin et faire sa vie. Vous étiez jusqu'à présent dans une quête constante d'approbation vis-à-vis de votre mère. Vous avez étouffé vos désirs pour lui faire plaisir et ne pas décevoir ses attentes. C'est comme si vous aviez marché tout ce temps dans des chaussures trop étroites. Et maintenant que vous lui annoncez que vous suivez votre propre voie, ça lui fait peur. C'est normal. Mais vous devez apprendre à lui laisser sa peur, à ne pas la prendre pour vous et à poursuivre votre chemin en vous faisant confiance. Quand elle vous verra épanouie et heureuse, croyez-moi, elle se réjouira pour vous !

— Je l'espère, Claude, je l'espère...

Tout en lui répondant, je me demandai quelle sorte de mère j'étais exactement pour Adrien. Est-ce que je faisais bien les choses ? Est-ce que j'avais la bonne attitude, celle qui lui permettrait de s'épanouir au mieux de ses capacités ? Il était encore jeune, ses désirs, ses besoins ceux d'un enfant... Mais quand il grandirait ? Quand il devrait faire ses choix, construire son chemin d'homme ? Saurais-je l'accompagner sans projeter sur lui des attentes qui ne seraient pas les siennes, comme ma mère l'avait fait pour moi ? Saurais-je l'écouter vraiment et l'aider dans sa réalisation de soi ? On croit faire pour le mieux, mais parfois, nos craintes, notre amour même nous aveuglent...

Claude s'était tu, comme pour mieux laisser le champ libre à mes pensées. Je lui fis un petit sourire pour lui indiquer que j'étais à nouveau tout ouïe, et il reprit :

— Aujourd'hui, Camille, votre mère a peur que ce changement d'orientation vous apporte son lot de souffrance. Or, il va bien falloir qu'elle comprenne qu'au bout d'un moment la vraie souffrance, pour vous, serait de rester sans agir ! Le plus grave, ce n'est pas d'échouer. C'est de ne pas avoir essayé. De toute façon, on ne peut jamais se prémunir contre d'éventuelles souffrances, car elles font partie de la vie. Vouloir y échapper est impossible. La vie est faite de pain noir et de pain blanc. Chacun doit l'accepter comme part entière des règles du jeu de l'existence ! Résister à cette réalité ne fait que renforcer le mal-être. C'est pourquoi les sages apprennent à agir sur ce sur quoi ils ont prise, non sur le cours extérieur des événements mais sur la façon de les appréhender.

Ses paroles me faisaient l'effet d'un filet d'eau fraîche un jour de canicule. Elles renforçaient ma détermination à poursuivre dans la voie toute neuve que je m'étais tracée et me donnaient du grain à moudre pour plus tard, lorsqu'à mon tour je serais confrontée aux choix fondamentaux que ferait mon fils pour forger son avenir d'adulte.

Aussi, lorsqu'un groupe de touristes étrangers, nombreux et bruyants, fit irruption dans la salle, interrompant notre passionnant échange, je grommelai et ne pus réprimer des claquements de langue désapprobateurs.

Claude, lui, resta impassible et souriant. Rien ne l'énervait donc jamais ?

Il m'entraîna dans une autre salle, tout en poursuivant ses explications :

— Voyez, Camille, l'impact qu'ont encore sur vous des éléments extérieurs perturbateurs. Vous laissez votre bien-être à leur merci. La réalité, c'est que vous n'aurez jamais vraiment la main sur le cours des choses, et vous risquez d'être éternellement comme un petit bouchon de liège ballotté sur des flots capricieux. Pour le sage, la tempête peut bien faire rage en surface, en profondeur, le calme règne toujours... Le secret, c'est de reprendre le contrôle de votre mental et de décider que même les choses désagréables, vous les vivrez bien. De voir du positif même dans le négatif. Vous verrez, c'est une façon d'aborder l'existence qui change tout.

— Oui mais quand même... Ce n'est pas si simple de contrôler ses pensées ! Nos réactions ne sont pas toujours rationnelles. Moi, par exemple, ça fait plusieurs jours que je doute, que je ne suis plus sûre de rien pour mon projet... J'ai peur. Je trouve ça tellement risqué ! Sans compter que ma mère n'est pas la seule à émettre des réserves. Ma meilleure amie et mon oncle aussi m'ont dit qu'ils trouvaient que c'était fou de se lancer dans un concept aussi incertain en pleine crise ! Je me demande si je ne vais pas tout arrêter...

Claude posa la main sur mon avant-bras et me parla comme à une petite fille qui a peur du noir, d'une voix chaude et rassurante.

— Camille, et si, pour commencer, vous remplaciez « j'ai peur » par « je suis excitée » ? Cette astuce marche plutôt bien. Oscar Wilde disait : « La sagesse, c'est d'avoir des rêves suffisamment grands pour ne pas les perdre de vue lorsqu'on les poursuit. » C'est vous qui avez raison d'oser. Laissez-moi vous conter une petite histoire qui devrait vous mettre du baume au cœur et vous redonner confiance...

» Une fois par an, au royaume des grenouilles, une course était organisée. Elle avait chaque fois un objectif différent. Cette année-là, il fallait arriver au sommet d'une vieille tour. Toutes les grenouilles de l'étang se rassemblèrent pour assister à l'événement. Le top départ fut donné. Les grenouilles spectatrices, jugeant la hauteur de la tour, ne croyaient pas possible que les concurrentes puissent en atteindre la cime. Et les commentaires fusaient :

» "Impossible ! Elles n'y arriveront jamais !"

» "Jamais leur physique ne leur permettra d'y arriver !"

» "Elles vont se dessécher avant d'être en haut !"

» Les entendant, les concurrentes commencèrent à se décourager les unes après les autres. Toutes, sauf quelques-unes qui, vaillamment, continuaient à grimper. Et les spectatrices n'arrêtaient pas : "Vraiment pas

194

la peine ! Personne ne peut y arriver, regarde, elles ont presque toutes abandonné !"

» Les dernières s'avouèrent vaincues, sauf une, qui continuait de grimper envers et contre tout. Seule, et au prix d'un énorme effort, elle atteignit la cime de la tour.

» Les autres, stupéfaites, voulurent savoir comment elle y était arrivée. L'une d'elles s'approcha pour lui demander comment elle avait réussi l'épreuve. Et elle découvrit que la gagnante... était sourde !

» Prenez donc garde, Camille, de ne pas vous laisser influencer par l'opinion de votre entourage. Ne les écoutez pas. Ne vous laissez pas décourager. Même ceux qui vous aiment projettent parfois sur vous leurs peurs et leurs doutes. Repérez vos pollueurs et faites en sorte qu'ils ne vous contaminent pas par leur vision négative, désapprobatrice ou sceptique...

Les mots de Claude résonnèrent encore longtemps à mes oreilles et firent leur œuvre. Je ne pouvais pas et, surtout, je ne voulais pas faire marche arrière : ce projet professionnel me tenait trop à cœur, et je sentais combien il était important que je le mène jusqu'au bout. Il en allait de mon accomplissement personnel. Je m'armai donc psychologiquement d'œillères et de boules Quiès, bien décidée à continuer ma route...

28

Mon pot de départ à l'agence m'emplit d'un sentiment mitigé, mélange de libération jubilatoire et d'une
certaine anxiété. Est-ce que j'avais vraiment fait le
bon choix ? Ma décision avait surpris tout le monde.
La plupart de mes collègues me prenaient pour une
gentille mère de famille, installée sur les rails d'une
vie bien popote, et voilà que je me transformais en
une entrepreneuse audacieuse, au projet professionnel
improbable !

La salle de réunion avait du mal à contenir tout le
monde, car mon chef avait convié les autres équipes,
profitant de mon départ pour créer du lien entre les
services. D'une pierre, deux coups.

Certains, totalement indifférents à mon départ, voire
à ma petite personne, gobaient des cacahuètes et profitaient du champagne gratuit sans même avoir l'idée de
me saluer. D'autres venaient me dire un mot, cachant
mal une pointe de jalousie.

— Une boutique en ce moment ? J'ai un ami qui
a fait ça ; il n'a pas pu se payer pendant cinq ans.
Ce n'est plus du travail, c'est du bénévolat !

— Entrepreneur ? Mmm... Il faut aimer tirer le diable par la queue...

Après m'avoir dispensé leur bonne parole, ils partaient avec un « bonne chance » qui sonnait un peu comme « bon débarras ».

Leurs arguments me faisaient bouillir. Pourquoi toujours tout rapporter à l'argent ? Cela m'agaçait prodigieusement. Un rêve, même au smic, restait un rêve ! Jamais je ne m'étais sentie aussi vivante qu'en ce moment, et ça, ça n'avait pas de prix !

Heureusement, certaines personnes s'étaient montrées vraiment adorables. Mélissa notamment, qui travaillait à l'accueil, m'avait offert un joli bouquet de fleurs. Et Crâne d'œuf s'était occupé de me trouver un cadeau au nom de l'équipe : un trèfle en cristal qui faisait office de presse-papiers, un magnifique objet décoratif signé Lalique ! J'eus du mal à cacher mon étonnement.

— Pour qu'il te porte chance dans tes projets..., m'expliqua-t-il. Tu le mettras dans ta boutique, hein ?

Je l'embrassai chaleureusement. Tant de délicatesse venant de lui, j'étais sidérée !

Mon boss s'approcha de moi à son tour, et je crus lire dans ses yeux une pointe d'admiration et d'envie.

— Bonne route, Camille ! J'espère sincèrement que vos projets vont aboutir. Vous êtes très audacieuse de vous lancer dans une telle aventure, surtout par les temps qui courent... Avec la crise, les gens n'osent plus rien ! Enfin, si jamais ça ne marchait pas, n'hésitez pas à revenir frapper à la porte. Il y aura toujours une place pour vous.

— Merci, monsieur. Je n'oublierai pas.

Même si j'espérais bien ne jamais avoir à revenir en arrière...

Mon carton fut vite fait. Dix ans de ma vie de travailleuse dans un mouchoir de poche ! J'avais l'impression d'être en plein rêve. Mais impossible de savoir si c'était un bon ou un mauvais.

Tandis que je longeais les rues pour rentrer chez moi avec mon petit baluchon de démissionnaire, je me sentais comme étrangère à moi-même, secouée par un cocktail d'émotions contradictoires, soulagement, joie, sentiment de liberté, mais aussi, trac, peur, anxiété, vertige...

Dans les jours qui suivirent, je m'activai de plus belle pour peaufiner mon montage financier. Je m'étais renseignée sur l'apport personnel que j'étais censée fournir... Il devait représenter au moins trente pour cent du montant global. Même en grattant tous mes fonds de tiroirs, je ne les atteignais pas tout à fait... Serait-ce quand même suffisant pour convaincre une banque et obtenir un financement complémentaire ?

Aidée par les gens de la pépinière, je préparai un dossier en béton armé. Du moins, l'espérais-je. Mon *business plan* bien ficelé, je partis à l'assaut des banques.

Le matin du premier rendez-vous, mon estomac jouait au grand huit. Je regardais l'heure toutes les trente-six secondes. Puis enfin, il fut temps. Et quand faut y aller, faut y aller... De toute façon, je n'avais plus d'ongles à ronger.

Je m'étais préparé **une play-list de Power Songs**, des musiques qui donnent de la force. Ce n'est pas pour rien que l'on partait à la guerre en chansons.

J'écoutais à fond *No surprises*, de Radiohead, une chanson, selon moi, sur laquelle n'importe qui pouvait s'écrire un destin. Je marchais dans la rue, me sentant différente des autres, plongée dans le film seize-neuvième de ma *success-story*. Est-ce que ça se voyait sur mon visage, ce qui était en train de m'arriver ? J'essayais de lire la réponse sur celui des passants ; eux trouvaient sans doute juste étrange que je les regarde de la sorte. Qu'importe !

J'avais les mains moites, mais des ailes blanches dans le dos : fin prête à me lancer.

Malheureusement, mon enthousiasme fut de courte durée.

Le banquier me reçut froidement. Jeta à peine un coup d'œil à mon dossier. Tiqua sur mon mince apport financier et abrégea notre entretien, qui dura à peine dix minutes, en me promettant une réponse rapide. Effectivement, sur ce point, il tint parole. Quarante-huit heures après, je recevais une réponse négative.

Mon rendez-vous suivant dans une autre banque eut un malheureux air de déjà-vu. La réponse négative me cueillit en pleine rue, alors que je rentrais chez moi, les bras chargés de courses. À l'inconfort de la situation s'ajouta l'amère déception. Une de plus. Je sentais mon rêve prendre ses jambes à son cou. La peur et la désillusion me piquaient la gorge, les yeux, le nez.

Quand Adrien m'ouvrit la porte, je lui dis à peine bonsoir, traçant jusqu'à la cuisine pour qu'il ne puisse pas lire sur mon visage ma déconfiture. C'était oublier que les enfants ont des capteurs géants : ils sentent tout.

— Ça va, maman ? Tu veux que je t'aide à ranger les courses ?

— Ça va, ça va, mon chéri, je vais me débrouiller...,
dis-je en feignant de m'affairer devant les placards.

Je lui tournais le dos volontairement, pour qu'il ne
voie pas poindre mes larmes.

Peine perdue.

— Mais, maman, tu pleures ? demanda-t-il en se
penchant pour mieux voir mes yeux et y constater l'ef-
fraction de la tristesse.

— Mais non, ça va, je te dis ! Allez, va jouer dans
ta chambre.

— Je ne partirai pas tant que tu ne m'auras pas dit
ce qui ne va pas !

Quel aplomb ! Cela lui arrivait, parfois, de jouer
l'homme de la maison et de me paterner. Sentant qu'il
ne me lâcherait pas tant que je ne lui aurais pas dit
ce qui me chiffonnait, je lui expliquai le refus de la
banque.

— Tu comprends, il me manque encore un peu
de sous pour monter mon projet, et la banque n'a pas
voulu me les prêter, alors, ce soir, je suis triste. Mais
ne t'en fais pas, je n'ai pas dit mon dernier mot !

Je m'efforçai de lui sourire à travers mes quelques
larmes, pour ne pas l'inquiéter davantage.

Il me serra dans ses bras pour me faire un gros câlin
et me dit d'un ton assuré d'homme qui connaît la vie :

— T'inquiète pas, maman, ça va s'arranger !

Puis il tourna les talons et alla jouer dans sa chambre.
Son attitude m'arracha un sourire. Quel phénomène !
me dis-je avec tendresse.

Après avoir rangé les courses, je passai à la vais-
selle en m'attaquant aux poêles que je n'avais pas eu
le courage de nettoyer la veille au soir. Je grattai à
l'éponge avec l'énergie du désespoir, espérant que ce

geste basique du quotidien arriverait à calmer mes nerfs malmenés.

Alors que je commençais à mettre la table, appelant Adrien pour un peu d'aide, il arriva dans le salon avec un air de conspirateur ravi.

— Maman ? Tiens, prends.

Il me tendit une enveloppe en kraft.

— Ouvre ! m'exhorta-t-il.

Je m'exécutai et découvris à l'intérieur une liasse de billets et une bonne cinquantaine de pièces de monnaie.

— C'est pour toi, m'annonça-t-il, rayonnant de fierté. J'ai tout compté : il y a cent vingt-trois euros et quarante-cinq centimes. Et si ce n'est pas assez, je revendrai ma 3DS. Comme ça, tu pourras le faire ton projet, hein, maman ?

Une boule d'émotion me serra la gorge. Dieu que je l'aimais en cet instant ! Qu'il était beau, avec ses yeux brillants et sa fougue naturelle, à vouloir me sauver de la déroute !

Je le pris dans mes bras pour l'embrasser très fort.

— Merci, mon amour, c'est adorable de ta part. Mais garde tes sous pour l'instant... Je te promets que, si j'en ai besoin, je viendrai te les demander...

— Promis ?

— Promis, lui assurai-je.

Il semblait à la fois content et tout de même soulagé de pouvoir conserver ses économies. Voyant le sourire revenu sur mon visage, il dut estimer qu'il avait réussi sa mission et s'en alla ranger son butin dans sa chambre, le cœur léger.

Cette initiative si adorable mit du baume sur le mien. Il ne fallait pas que je baisse les bras. Pour moi, pour mon fils, pour tous ceux qui croyaient en mon projet, je devais m'accrocher !

C'est dans cet état d'esprit que je repartis à la conquête d'un financement, et présentai mon dossier à une troisième banque...

À nouveau, quelques jours passèrent, et j'attendis, le moral gonflé à l'hélium de l'espérance. Espérance qui, une fois encore, explosa en vol.

Ce troisième refus vint comme un coup de massue.

Trois banques ! Et aucune d'elles n'avait voulu devenir partenaire de mon projet ! Rien n'y avait fait. Ni mon super sourire à la Isabelle Huppert, ni mon air sage et confiant à la Gandhi, ni magnac de promotrice façon Michael Douglas dans *Wall Street*...

Le désespoir me gagna. L'angoisse aussi. J'avais quitté mon poste, engagé des dépenses pour faire fabriquer mes modèles... Si aucune banque ne me suivait, j'étais finie ! Je n'aurais plus qu'à ramper aux pieds de mon ancien boss pour le supplier de me redonner un poste et m'estimer heureuse de reprendre ma petite vie réglée comme du papier à musique.

Ah, non, ça, jamais !

Alors je me retournai contre Claude. Ruminai. C'est vrai quoi, c'était bien à cause de lui que je m'étais lancée dans ce plan insensé ! C'était lui qui m'avait encouragée dans cette voie ! Et maintenant, j'allais me casser la figure... Sébastien ne me le pardonnerait jamais... Si ça se trouve, cette foutue histoire allait aussi emporter mon couple et détruire ma famille. Déçu, outragé, Séb' me quitterait, emmenant Adrien avec lui. Ruinée, dépressive, je finirais SDF ! Le *bad trip* s'en donnait à cœur joie avec mes méninges survoltées. J'étais en pleine catastrophe-stratégie !

Ma mère avait raison, c'est de la folie ! Je n'y arriverai jamais...

Galvanisée par ma fur*p*eur (il y a toujours de la peur dans la fureur), je débarquai en trombe au cabinet de Claude. Lui et sa foutue méthode... J'allais lui dire ma façon de penser ! Le mettre face à ses responsabilités, l'obliger à... à... je ne savais pas encore quoi, mais l'obliger.

Je passai le barrage de la secrétaire sans m'arrêter.

— Madame, non, vous ne pouvez pas...

J'allais me gêner !

J'ouvris sans ménagement la porte du bureau. Claude suspendit sa conversation téléphonique en me voyant débarquer.

— Madame, s'il vous plaît, tenta encore la secrétaire.

— Laissez, Marianne. Je m'en occupe. Un instant, Camille.

Il termina sa conversation tranquillement. Son calme m'irrita davantage ; il était trop en contraste avec ma tourmente. Pourquoi fallait-il que cet homme ait l'air toujours si souverain, et moi tellement en vrac ?

— Alors, Camille, que se passe-t-il ?

— Comment ça, ce qui se passe ? Il se passe que c'est la Berezina ! Que je viens d'avoir aujourd'hui une troisième réponse négative ! Que c'est la fin des haricots !

J'éructais comme un vieux coq courroucé.

— Calmez-vous, Camille, il y a toujours une solution...

— Ah non, alors là, stop ! J'en ai marre de votre positive attitude ! Regardez où elle m'a menée, votre positive attitude ! Oui, vous, là, avec vos conseils à la con ! Je suis vulgaire ? Tant mieux ! Je vous ai cru, je vous ai fait confiance... J'ai envoyé valser mon CDI et voilà, maintenant, vioup, plus rien ! À la rue, la dame ! Non, mais, franchement... Où est-ce que vous avez vu que j'avais l'étoffe d'un entrepreneur ? C'était couru d'avance que j'allais m'y casser les dents !

Claude me laissa déverser ma bile sans intervenir. Il semblait désolé de me voir dans cet état. En entendant mes vitupérations, son assistante revint frapper à la porte.

— Tout va bien, monsieur Dupontel ?

— Oui, tout va bien, Marianne, merci.

— Mme Theveniaud s'impatiente... Vous aviez rendez-vous à la demie.

— Pouvez-vous m'excuser auprès d'elle et lui demander si elle peut revenir la semaine prochaine ? Merci, Marianne.

Il décommandait une cliente pour moi ? Étant donné mon humeur, ça me faisait plaisir de venir perturber son après-midi bien huilé. Il m'avait poussée à prendre des risques pour me lancer dans une aventure professionnelle complètement délirante, et j'estimais qu'il avait sa part de responsabilité en cas d'échec.

— Camille, calmez-vous ! Trois échecs, ça ne veut pas dire que tout est perdu non plus. Une banque, deux banques, dix banques... Il faut persévérer ! Et si ce n'est pas le bon tiroir, il faut en ouvrir d'autres !

— Persévérer, persévérer ! Vous en avez de bonnes. Ce n'est pas vous qui avez tous les jours à lire l'inquiétude ou la désapprobation dans les yeux de vos proches !

— « *Face à la roche, le ruisseau l'emporte toujours, non pas par la force mais par la persévérance.* » H. Jackson Brown...

— Vous commencez à m'énerver avec vos citations ! Ce n'est pas avec ça que je vais décrocher un prêt bancaire !

— Peut-être pas. Mais ce n'est pas non plus en vous mettant dans un état pareil... Quelle heure est-il ?

— Comment ça, quelle heure il est ? 18 h 15, pourquoi ?

— Parfait, on a juste le temps...

— Le temps pour quoi encore, Claude ? demandai-je, énervée de ses incessants mystères.

— Vous verrez bien ! Allez, prenez votre manteau !

— Mais...

Je ne pus m'opposer davantage. Claude me prit par la manche et m'entraîna dehors au pas de course. Son autorité naturelle ne se discutait pas. Outre sa voiture que je connaissais déjà – entre parenthèses, ça devait sacrément bien marcher pour lui, pour qu'il roule en Jaguar –, il possédait un scooter qui attendait devant son cabinet. Il me planta sans ménagement un gros casque sur la tête, étouffant ainsi mes dernières protestations.

Nous fonçâmes dans Paris. Je m'agrippai à sa taille, à la fois grisée et apeurée. Le défilé des rues, les visages anonymes floutés par la vitesse, les concerts de klaxon, le panache des monuments, l'or clinquant à leur sommet, la profondeur impénétrable de la Seine et ses rives charmantes, les mariés japonais posant devant les appareils photo pour l'éternité, les vendeurs à la sauvette, les badauds, les pressés montés sur ressorts... Tout ce manège me donnait le tournis.

Le brusque arrêt du scooter, que Claude gara sur un trottoir, mit fin à ma rêverie citadine.

Devant moi, une bâtisse de pierres grises : la paroisse Saint-Julien-le-Pauvre.

— Nous sommes pile à l'heure, déclara Claude, visiblement satisfait de son petit tour de force.

— Claude, franchement, je ne suis pas d'humeur...

Il ne me laissa pas terminer ma phrase. Il me fit presser le pas pour entrer dans l'église et nous trouva deux places au troisième rang.

— Chut ! Taisez-vous maintenant. Et écoutez.

J'aurais volontiers protesté mais déjà, une femme s'avançait sur la scène, accompagnée d'un homme en costume sombre qui s'installa cérémonieusement au piano.

Les deux premiers airs me calmèrent. Les notes voluptueuses, dans un déplacement invisible, venaient caresser mes tympans, créant dans tout mon corps des vibrations apaisantes.

Ce fut au troisième air que l'émotion me saisit, lorsqu'un *Ave Maria* d'une pureté cristalline s'éleva dans la nef. J'en eus la chair de poule. Tant de ferveur me transperçait. Les larmes me montèrent aux yeux...

Claude me jetait des petits regards en biais, heureux sans doute de voir que la magie opérait.

Des frissons me parcouraient tout le corps. Je me sentais comme connectée à quelque chose de « supérieur » sans vraiment pouvoir dire quoi... Mais cette sensation me remplissait de force et de ferveur.

Je passai le reste du concert sur un nuage.

À la sortie, nous décidâmes d'aller boire un verre au Caveau des Oubliettes.

— Claude, je suis désolée de m'être emportée tout à l'heure... C'était vraiment injuste. Vous faites tout ce que vous pouvez pour m'aider, je le sais bien... Et si j'échoue, ce ne sera pas votre faute.

— « *Le succès est la capacité d'aller d'échec en échec sans perdre son enthousiasme* », disait Winston Churchill...

— Vous recommencez avec vos phrases !

— Oups, désolé ! Je voulais juste vous dire une fois encore que ce que vous vivez en ce moment avec votre recherche de financement n'est pas un échec. Ça fait partie des aléas et déboires d'un parcours de réussite. Je vous ai amenée dans cette église pour vous faire ressentir la force de la ferveur. Il faut que vous gardiez la foi ! Faites-vous confiance. Moi, je crois en vous !

— Mmm..., grommelai-je, encore un peu sur la réserve.

— Alors, c'est reparti ? me demanda-t-il en me tendant la main.

J'hésitai deux secondes, puis lui tendis la mienne.

— C'est reparti.

Quelques jours plus tard, je décrochai un rendez-vous avec la banque Populis. J'avais lu dans un magazine qu'ils avaient la réputation de soutenir les petits entrepreneurs délaissés par les circuits financiers classiques... Je ne projetai aucune attente, cette fois, pour ne pas être déçue.

Quand un coup de fil me donna une réponse positive, huit jours plus tard, je tombai à genoux d'émotion dans mon appartement. J'attendis d'avoir raccroché pour pousser – hurler ! – un cri de joie à faire pâlir une craie sur un tableau noir. J'étais à deux doigts de soulever mon T-shirt sur ma tête et de courir partout comme une dingue en hurlant : « goaaaaaaaaaaaaaaaal ! »

J'avais enfin décroché mon passeport pour une nouvelle vie.

29

Ma victoire me valut un quatrième lotus Charms, violet celui-là, que je caressais machinalement à mon cou, comme un grigri porte-bonheur. Je n'aurais jamais cru gravir ainsi les échelons du changement, mais force était de constater que la méthode fonctionnait. Maintenant que j'avais les fonds, je pouvais enfin mettre en œuvre ce qu'il fallait pour concrétiser mon concept de leasing de vêtements haute couture pour tout-petits, à des prix très accessibles.

Le lancement de la boutique était prévu six mois plus tard. Et il n'y aurait pas un jour de trop, d'ici là, pour que tout soit prêt ! Par moments, j'avais l'impression de me transformer en robot bionique multitâches. Je devais être partout à la fois : à la création, à la réalisation, à la logistique...

Il devenait impératif que je me fasse seconder. Point de salut sans bras droit ! En la matière, je poussai même le luxe jusqu'à m'en offrir quatre, enfin huit en comptant aussi les bras gauches. Bref, quatre paires de mains hors pair trouvées chez de jeunes couturières qui me firent l'honneur de voir en mon projet un tremplin pour leur carrière. Elles acceptèrent donc de jouer le jeu d'être très peu rémunérées jusqu'au lancement officiel de mon affaire et de miser sur ma réussite. Notre fine équipe s'installa dans une boutique de la rue Le Goff que j'avais louée, à deux pas du Luxembourg. Ce n'était pas immense, mais cela suffirait amplement pour un début. Et le local avait beaucoup de charme. Des poutres apparentes, une mezzanine, une arrière-boutique très lumineuse et même un sous-sol aménageable pour des vestiaires et un coin cuisine.

J'emmenai Adrien visiter.

— C'est trop stylé, maman !

Ce qui le taraudait le plus, c'était de savoir si j'allais devenir riche. Il jouait à énumérer ce que nous pourrions nous offrir, si je devenais célèbre grâce à ma boutique. Il se voyait déjà à bord des plus belles voitures, Porsche rouge un jour, Bugatti noire le lendemain... Il était tellement mignon avec ses yeux qui brillaient d'excitation ! Je me régalais de le voir profiter du temps de l'insouciance et des plaisirs simples...

Rêve, mon fils, rêve, me disais-je avec un sourire attendri. *Et que toujours la réalité te soit douce !*

J'avais également remué ciel et terre pour trouver des partenaires qui me fourniraient à moindre coût les vêtements de base en coton et chanvre biologiques, certains même en laine d'alpaga, laine de yak et bambou.

Lorsque je reçus enfin mes commandes, je caressai longuement ces matières incroyables, jubilant à l'idée de ce que j'allais en faire.

Durant cette période, j'étais gagnée par une irrépressible effervescence créative. Je dormais peu, mais, bizarrement, sans en ressentir d'effets indésirables.

Je m'étonnais. Moi qui d'ordinaire ressemblais à un escargot neurasthénique au moindre manque de sommeil... On aurait pu croire que j'étais dopée. Et dans un sens, je l'étais, dopée à l'enthousiasme ! Réaliser ainsi mes désirs les plus profonds me nourrissait comme aucune autre sève n'aurait pu le faire. Jamais je n'avais été habitée par une telle énergie !

30

Claude suivait mes avancées comme un papa poule. Et en parlant de papa, il ne manqua pas de me rappeler que dans la liste des objectifs qu'il me restait à accomplir figurait celui-ci : me réconcilier avec mon père.

Là, je protestai.

— Claude, ce n'est vraiment pas le moment de me demander ça. Vous voyez bien que je suis complètement débordée ! Je n'ai déjà pas une minute pour moi...

— Il n'y a pas de meilleur moment, au contraire, Camille. Et puis, vous sentez bien que cette chose vous trotte dans la tête depuis des années et vous gêne comme une épine dans le pied... Pourquoi rester un jour de plus avec cette douleur ? Vous serez tellement soulagée d'avoir fait un pas pour régler cette situation. La nouvelle Camille ne laisse pas les problèmes en suspens, n'est-ce pas ?

— Bon, bon, ça va... Je verrai si je peux trouver un moment...

Ça m'énervait qu'il m'impose cela maintenant... Mais me l'imposait-il vraiment ? Je savais qu'il avait raison, tout au fond de moi. Je ne pouvais laisser la situation perdurer. Je devais faire face. Cette histoire, je l'avais glissée d'un coup de balai sous le tapis de ma conscience, pensant qu'elle se ferait oublier. Que nenni ! Elle n'avait cessé, toutes ces années, de me grignoter insidieusement le moral. La culpabilité mêlée de rancœur, tapie dans l'ombre de mon cœur, faisait son travail de sape. Mais comment pardonner à celui que je ne pouvais appeler autrement que « mon géniteur » de nous avoir quittées avant que j'aie accompli mes premiers pas ?

Six ans que je n'avais pas revu mon père. Depuis cette scène affreuse au cours de laquelle j'avais voulu régler mes comptes avec lui, décoller mes timbres aurait dit Claude. À l'époque, c'était carrément une kalachnikov à reproches que j'avais brandie ! J'avais déversé sur lui des hectolitres de colère, sans lui laisser la moindre chance de s'expliquer. La bile avait envahi mes veines aussi sûrement que de la ciguë. Je tapais pour lui faire mal. Une colère de petite fille, ça peut renverser des tables et casser des chaises. Toute la partie noire en moi avait surgi comme un volcan en éruption. Toutes les émotions négatives emmagasinées pendant ses longues absences étaient remontées à la surface. Je voulais lui faire payer son éloignement à coups de mots meurtriers... Pourquoi avait-il quitté maman ? Étais-je un bébé trop bruyant qu'il n'avait pu supporter ? Où était-il, quand j'avais peur, quand j'avais mal ?

Malheureusement, mon règlement de comptes m'avait éclaté en plein visage comme une grenade dégoupillée, et j'avais abouti à un résultat que je ne souhaitais pas vraiment : une rupture pure et simple.

Les semaines, les mois, les années avaient passé sans que j'ose le premier pas de la réconciliation... Je craignais sa réaction et, pire encore, un nouveau rejet. Avec le recul, je comprenais mieux pourquoi il avait quitté le foyer. J'étais un accident survenu dans sa vie, alors qu'il était beaucoup trop jeune. À 23 ans, il n'avait ni la maturité ni la motivation pour assumer un enfant. Il avait néanmoins aidé ma mère à la hauteur de ce que ses revenus lui permettaient, et venait me rendre visite de temps en temps. Ces instants, rares et précieux, me laissaient un souvenir mémorable, un goût sucré de barbe-à-papa.

Je mis un moment à retrouver le précieux petit répertoire téléphonique, poussiéreux et écorné, enfoui sous un amoncellement de papiers stockés au fin fond d'un placard.

Il était là... Son numéro...

Je restai de longues minutes devant le combiné, le cœur battant, les mains moites, la bouche sèche à l'idée de ne pas trouver les mots. Puis, enfin, je me lançai.

Les sonneries retentirent, puis il décrocha :

— Allô ?

— ...

— Allô ??

— Papa ?

— ...

« *Le pardon ne fait pas oublier le passé, mais élargit le futur* », disait Paul Boese. C'était vrai. Après ce coup de fil à mon père, je me sentis plus légère. Ce fut comme si j'avais coupé la corde qui retenait dans le sillage de mon navire de lourds barils et l'empêchait d'aller de l'avant. Au début, bien sûr, les mots s'étaient étranglés, avaient peiné à sortir, entre nous. Puis nous avions trouvé la voix du cœur, sincère et juste, pour jeter un pont entre nous. Émus, nous avions alors convenu de déjeuner ensemble. Ce moment complice fut une occasion unique de déposer le fardeau de nos meurtrissures respectives et nous apporta une belle rédemption. Là où il n'y avait plus de notre histoire que pointillés et points de suspension, nous venions de rouvrir des guillemets...

J'en restais le cœur baba.

31

Étrangement, depuis que je m'étais réconciliée avec mon père, je me sentais également apaisée dans ma relation de couple. Peut-être étais-je en train de prendre conscience des amalgames que je fabriquais depuis longtemps entre les comportements de mon père et celui de mon conjoint ? À quel point ma peur d'être quittée comme ma mère l'avait été m'avait intoxiquée, jetant un voile d'ombre sur ma relation avec Sébastien ? Mais c'était fini aujourd'hui. Je ne laisserais plus jamais le passé interagir avec le présent, ni conditionner mes relations !

Bien sûr, je ne pourrais empêcher que mon mari parte avec une autre, si le destin en décidait ainsi. Mais j'étais maintenant sereine : je savais que, quoi qu'il advienne, je pourrais compter sur mes ressources intérieures pour faire face. Et cette certitude me donnait une force incroyable, force que je n'aurais jamais cru posséder.

J'avais donc fait la paix, semblait-il, avec la gent masculine.

Je savourais cette pensée en dégustant une bonne tasse de thé vert, lorsqu'un matin, Sébastien entra dans la cuisine en me tendant une enveloppe.

— Tiens, pour toi, une lettre au courrier. À l'intérieur, une courte missive :

Rendez-vous jeudi à l'Espace Mille et cent ciels, pour une réunion au sommet ! Soyez à l'heure : 14 heures précises. À jeudi, Claude.

Que manigançait-il encore ?

Sébastien, qui s'était beurré une tranche de pain, me fixait du coin de l'œil tout en mâchant sa tartine.

— Encore du travail ?

— Euh... oui ! Que veux-tu...

— On ne t'arrête plus !

Je le sentis un peu préoccupé, fébrile – je n'aurais su dire exactement –, et m'approchai de lui pour lui voler un tendre baiser.

— Ne t'inquiète pas. Le jeu en vaut la chandelle ! Et bientôt, tu verras les résultats !

— Je n'en doute pas...

Le jeudi, j'abandonnai les filles à l'atelier, laissant mes instructions pour l'après-midi, et filai à mon rendez-vous, non sans avoir passé une tenue chic et glamour qui me valut quelques sifflets et quolibets dans la rue. Je rosis, mais vu l'adresse du lieu de rendez-vous, dans le 16e arrondissement, je m'étais dit que mieux valait être dans le ton. Et n'était-ce pas aussi une occasion parfaite de voir comment je m'en sortais dans la peau de la nouvelle Camille ? Si j'en croyais les regards flatteurs que je récoltais, cela semblait marcher plutôt bien.

En poussant la porte de l'Espace Mille et cent ciels, j'eus le souffle coupé. Le hall à lui tout seul semblait chanter un hymne à la beauté des palais d'Orient. Matières raffinées, mobilier aux formes élégantes, fragrances subtiles, couleurs chatoyantes... J'eus l'impression d'avoir fait un voyage dans l'espace-temps. Quel bonheur ! Et ces lustres ! Ces lanternes anciennes ! Et ces tapis profonds et moelleux posés, ici sur des parquets anciens, là sur des mosaïques artisanales ! Je me sentis aussitôt captivée par l'atmosphère envoûtante de clair-obscur qui projetait sur chaque visage des ombres de mystère.

Mais le seul vrai mystère demeurait : pourquoi Claude m'avait-il fait venir ici ? C'est avec cette question en tête que je me dirigeai d'un pas ferme vers l'hôtesse d'accueil.

— Le bar, s'il vous plaît ? J'ai rendez-vous.

— Au fond de l'allée, tout de suite à votre gauche.

Je parcourus le chemin indiqué, le cœur battant plus fort dans ma poitrine. Qu'est-ce que c'était encore que cette mise en scène ?

Arrivée dans le bar, aussi magnifiquement décoré que le hall d'entrée, je scrutai les personnes présentes. Aucune silhouette ne me rappelait celle de Claude... Je le maudis intérieurement de son retard : j'avais horreur de poireauter toute seule dans ce genre d'endroit. Les hommes avaient si tôt fait de se méprendre sur les intentions d'une femme seule ! J'essayai donc d'adopter un air détaché et sûr de moi, répétant dans ma tête mon mantra devenu habituel depuis quelques semaines : « Je suis Isabelle Huppert, je suis Isabelle Huppert... »

Mon voisin de comptoir me tournait le dos et m'offrait la vision massive de son complet bleu marine, au demeurant fort bien coupé. Belle carrure, me dis-je, avant de m'apercevoir avec trouble que le dos était en train de se retourner.

— Vous ici ! me dit alors l'homme avec un sourire désarmant.

— Mais... Mais... Qu'est-ce...

— Eh bien, tu vois, il n'y a pas que ton Claude qui sache orchestrer des surprises !

Sébastien encadra mon visage de ses mains comme il aurait saisi une gravure précieuse et m'embrassa langoureusement. Je m'enflammai plus que de raison, délicieusement troublée par l'inconvenance et l'incongruité de ce baiser dans un tel lieu. Heureusement, le serveur fit mine de regarder ailleurs. Sébastien s'écarta de moi et planta ses yeux dans les miens pour observer les effets joliment ravageurs de son audace. Ma bouche était sa Bastille du jour et son regard brillant semblait appeler à la révolution de nos amours.

J'en balbutiai.

— Incroyable ! Mais comment as-tu fait pour...

— Tsit, tsit, tsit ! Il se trouve que ton Claude est finalement beaucoup plus cool que je ne l'avais imaginé ! Il n'a pas hésité à jouer les complices pour m'aider à mettre sur pied cette petite mise en scène : il a écrit le mot pour te faire croire que le rendez-vous était avec lui... Amusant, non ?

— Il va m'entendre ! dis-je, mais j'étais bien trop ravie du résultat pour lui en vouloir. Et alors ? Que comptes-tu faire de moi qui vaille la peine de m'arracher à quelques heures de précieux travail ?

— Mmm... Des choses qui ne te feront pas regretter d'être venue ! Et puis, un moment de détente ne te rendra que plus productive, n'est-ce pas, ma *business-woman* préférée ?

Il nous avait concocté un programme d'enfer. Hammam, sauna, piscine, gommage doux au savon noir à l'eucalyptus. Nous nous abandonnâmes en duo aux mains expertes de jeunes masseuses balinaises, qui nous amenèrent pas loin du septième ciel. Tout mon corps se délassait, tandis que je tenais la main de Sébastien, tendre contact qui ajoutait encore, s'il en était besoin, à la sensualité de cette délicieuse pause kinesthésique... Quand nous quittâmes la cabine, je ne touchais déjà plus terre.

Le dîner aux chandelles qui suivit fut l'apogée de cette journée et expédia mes papilles directement au nirvana. Ce lieu flattait les sens comme nul autre ailleurs. Mais ce qui me ravit le plus, ce fut de constater que Sébastien me regardait de nouveau avec ses yeux d'autrefois, en Shéhérazade...

Et ça, c'était plus qu'un objectif atteint. C'était un vœu exaucé !

32

La pause idyllique offerte par Sébastien m'avait galvanisée. Et heureusement, car la période qui suivit fut terriblement éprouvante. Je dus tenir des délais impossibles, négocier avec des fournisseurs avides, manager une équipe encore inexpérimentée, effectuer des démarches administratives rocambolesques, créer la nuit, organiser le jour... Bref, je n'étais pas loin de craquer. Par bonheur, je disposais d'un comité de soutien hors normes. Famille et amis défilaient dans l'atelier pour manifester haut et fort leurs encouragements. Et cela me faisait chaud au cœur. Je voulais tant qu'ils soient fiers de moi !

Claude, mon cher Claude, ne ménageait pas non plus ses efforts : il m'avait promis de contacter des relations de presse. Il disait connaître du monde... Au moins une chose dont je n'aurais pas à m'occuper ! Comment ferais-je pour le remercier un jour ?

Pour l'heure, mon nouveau bébé prenait de plus en plus de vigueur. La naissance était pour bientôt. Il était donc temps de lui trouver un nom. J'organisai une séance de *brainstorming* dans l'arrière-boutique.

Claude m'avait conseillé de convoquer des personnes d'horizons différents. Ce serait plus riche ainsi et la matière première créative serait plus intéressante. En plus de mes couturières, je conviai donc ma coiffeuse et mon kiné, qui acceptèrent gentiment de se prêter au jeu. Je leur annonçai la règle préalable à toute séance de créativité, le €QFD : pas de critique ni de censure ; des idées en quantité ; de la fantaisie, du farfelu ; les suggestions qui se font écho, rebondissent... Nous devions cependant garder en tête les points clés : notre cible – les petits de 0 à 3 ans – et l'offre spécifique – des vêtements bioéthiques, une approche haute couture au prix du prêt-à-porter grâce au leasing.

Pour nous chauffer les neurones, nous commençâmes par jeter pêle-mêle sur une feuille de papier tous les mots qui nous venaient à l'esprit, puis nous décidâmes d'explorer plus précisément le vocabulaire propre à la petite enfance :

> Bout de chou, brindille, cigogne, cacabouda (on a bien dit pas de censure !), haut comme trois pommes, abracadabra, patapoum, mini, bambin, miaou, 123 soleil, pirouette, cacahouète, bébécadum, berceau, petits doigts...

Nous notâmes aussi quelques mots liés à l'univers de la couture et de la mode :

> De fil en aiguille, boutons d'or, doigts de fée, création, la comptine À la mode de chez nous...

Claude nous aida à faire un mapping de positionnement. Sur le graphique, deux axes se recoupaient et formaient quatre pôles : l'univers bébé pratique, l'univers bébé « enchanté », le bio équitable, la mode à louer. Ainsi, nous pourrions « classer » nos trouvailles, ce qui faciliterait notre choix.

Puis la ronde des noms commença...

— Fashionimo ! jeta ma coiffeuse. C'est bon ça, les noms qui se terminent en « imo » ? Némo, Géronimo, Pinocchio ? Ou Minimode ?

— Bien ! Je note...

— Et pourquoi pas : Les Petits Doigts d'or ? proposa Géraldine, l'une de mes couturières.

— Ou Mailles et Malices ? s'exclama Lucie, illuminée par sa trouvaille.

— Les BB verts ! dit Fabienne. Ben quoi ? On a bien les BB brunes ! C'est tendance.

— Biomode ! lança mon kiné.

— Ah non ! Ça fait trop médical !

— Pas de critique, on a dit !

— Et 3 pommes, ça sonne bien, non ?

— Génial ! Sauf que ça existe déjà...

— Oh...

Après avoir évincé les noms déjà pris, les noms trop longs, les noms pas beaux, les trop tordus, nous arrivâmes à une liste de quatre possibilités : BBécot, Vert Bambin, Les Fées mode et P'tit trousso. Chacun portait un message, disait quelque chose du projet.

BBécot... Le nom contenait le mot « bébé ». On entendait aussi « éco » pour écologique, « bécot », synonyme de tendre petit baiser, allusion à ces petits moments précieux que partagent une maman et son bébé.

Vert Bambin parlait avec « Vert » du côté écolo/ équitable et rappelait, avec « Bambin », la cible vêtements pour bébés.

Les Fées mode ouvraient d'emblée sur l'univers de la magie, séduisante et attractive pour le public de la petite enfance. Le fait de parler de mode était important aussi, puisque les vêtements créés se voulaient fashion. On entendait également « l'effet mode », clin d'œil au leasing qui permet de craquer pour un vêtement à la mode, puis d'en changer très vite.

P'tit trousso... le nom évoquait la notion de « trousseau » et sa connotation de transmission. Autrefois, le trousseau était quelque chose de primordial que l'on constituait au fil des ans. Ainsi, ce nom donnerait de l'importance au concept en suggérant aux parents qu'ils offraient à leur enfant des vêtements d'importance, des pièces uniques.

Les tergiversations allèrent bon train pendant encore deux heures. Puis la décision tomba : ce serait *Les Fées mode*. Une euphorie gagna alors le groupe, content de lâcher les soupapes après cette longue séance de créativité.

— Champagne !

J'en avais placé une bouteille au frigo en prévision. Tandis que nous trinquions ensemble joyeusement, je ne pus m'empêcher de fixer le nom inscrit en gros sur le paperboard, et déjà mon imagination s'enflammait pour lui créer une identité visuelle...

33

Et puis... et puis, le grand jour arriva. L'inauguration, enfin !

La boutique était pleine à craquer. Tous les invités se tenaient autour de moi, une flûte de champagne à la main. Pour l'occasion, mon petit comptoir de mode avait revêtu ses habits de fête : ici, un buffet drapé de blanc, avec un maître d'hôtel aux gants non moins blancs et à l'air solennel de rigueur, là, une ravissante hôtesse d'accueil...

Ma mère me couvait d'un regard admiratif. À côté d'elle, mon père, qui avait fait tout spécialement le déplacement, ne pouvait cacher son émotion et, assez peu discrètement, m'adressait des clins d'œil outranciers et levait les pouces pour me féliciter. Voir mes parents côte à côte, la hache de guerre enterrée, en train de bavarder comme de vieux amis, me comblait. Sébastien et Adrien, au premier plan, mimaient des applaudissements triomphants et me faisaient rire. Mon fils avait raconté à tous ses copains que sa mère allait ouvrir une boutique de haute couture pour enfants et qu'elle allait devenir célèbre ! Cette vision fantasmée de moi, qui seule pouvait naître d'un imaginaire enfantin, me touchait. Mais ce qui m'émouvait le plus, c'était de lire la fierté dans son regard...

Ma seule déception : Claude n'était pas encore là. Il allait rater mon discours, dans lequel j'avais bien entendu prévu de lui rendre un bel hommage. Qu'est-ce qu'il pouvait bien fabriquer ? Ce n'était pas son genre d'arriver en retard, et j'étais vaguement inquiète. Le cœur un peu serré, je pris la parole et commençai à remercier tous ceux qui avaient pris une part active, à quelque titre que ce soit, à la mise en œuvre et la réalisation de mon rêve.

Soudain, un brouhaha se fit entendre au niveau de la porte d'entrée et une grosse agitation sembla gagner l'assemblée. Une meute de gens s'engouffra dans la boutique, semant un certain trouble. Je ne comprenais pas ce qui se passait, trop secouée par le tam-tam de mon propre cœur. Crépitements de flashs, de cris... Telle la mer Rouge de la Bible, le flot des visiteurs s'ouvrit petit à petit jusqu'à moi, offrant le passage à une stupéfiante apparition : Jean-Paul Gaultier en personne ! Et juste derrière lui, Claude, goguenard, éclatant d'une joie complice, me souriait à belles dents, heureux de voir sa surprise faire tout son effet.

Je n'en revenais pas !

À plusieurs reprises, déjà, ce projet m'avait apporté de grands moments de satisfaction. Lorsque l'imprimeur m'avait téléphoné, tout d'abord, pour m'annoncer que mes plaquettes publicitaires et mes cartes de visite étaient prêtes. Puis lorsque j'avais assisté aux dernières finitions à la devanture de ma boutique. Cette émotion, cette jubilation, quand les artisans avaient donné l'ultime coup de pinceau aux trois mots sésames de ma nouvelle vie : *Les Fées mode* ! J'en avais écrasé quelques larmes discrètes. Tant de chemin parcouru en seulement quelques mois ! La réussite serait-elle au rendez-vous ? Je comptais sur cette soirée d'inauguration pour me donner un début de réponse, mais là... Là, ça dépassait tout ce que j'avais pu imaginer. Jean-Paul Gaultier ! *Himself* ! Dans *ma* boutique !

Je tendis à mon idole une main tremblante qu'il serra chaleureusement. Je l'entendis, comme à travers un brouillard enchanté, expliquer à l'assemblée qu'il était heureux et fier d'être le parrain de ma boutique, dont le concept l'avait beaucoup séduit. Quand Claude lui avait envoyé la présentation du projet, il n'avait pas hésité longtemps pour offrir son image médiatique, afin de donner à mes *Fées mode* une plus grande visibilité.

— Camille a un grand talent de styliste, poursuivit-il. Ses modèles petite enfance possèdent une véritable originalité. Et offrir la possibilité aux familles d'accéder à des vêtements uniques haut de gamme à petits prix, grâce au leasing, c'est incroyablement malin. Vraiment, bravo, Camille !

Je n'en croyais ni mes yeux, ni mes oreilles. Jean-Paul Gaultier m'applaudissant à bâtons rompus ! Je sentis les larmes me monter aux yeux, tandis qu'il concluait :

— Je serai heureux de lui offrir mon soutien et si elle le souhaite, mes conseils !

J'étais au comble du bonheur !

Les journalistes prirent ensuite des photos de nous deux. Puis ils me posèrent des questions pour pouvoir écrire leur article. Grâce à l'incroyable démarche

de Claude, mon concept allait être joliment médiatisé !
Plus qu'un coup de pouce : un véritable tremplin...

Vers la fin de soirée, Claude s'approcha de moi.
Je n'hésitai pas un instant et le serrai dans mes bras. Je
lui devais tellement !

— Claude ! Je ne sais comment vous remercier
pour tout ce que vous avez fait pour moi...

— Je suis heureux de votre succès, Camille, et très
fier de vous ! Je crois que vous avez bien mérité ça...

Il me tendit alors la fameuse petite boîte entourée,
cette fois, d'un joli ruban doré. Je devinai aussitôt
ce qu'elle contenait : le lotus noir. Le dernier des talismans.

Les yeux humides, je l'embrassai chaleureusement
et le Charms rejoignit sur la chaîne ceux que j'avais
déjà gagnés.

— Je dois y aller, maintenant, dit-il. Encore toutes
mes félicitations.

Avant de partir, il me glissa une petite enveloppe
blanche dans le creux de la main. Je l'ouvris après son
départ.

Le mot disait :

Ma chère Camille,
Permettez-moi de vous fixer un ultime rendez-vous. J'ai quelques révélations à vous faire. Puis j'aurai fini ma mission auprès de vous et vous pourrez continuer votre chemin, en étant sûre d'être sur le BON chemin ! Rendez-vous donc après-demain à 14 heures, en haut de l'Arc de Triomphe. Encore bravo, et belle nuit, votre dévoué, Claude.

Quelle surprise me réservait-il encore ?

34

J'avais donc rendez-vous tout en haut de l'Arc de Triomphe... Je reconnaissais bien là Claude et son goût des métaphores : pour cette entrevue destinée à marquer la fin de sa mission auprès de moi, quel meilleur endroit en effet ? Car pour un triomphe, son « enseignement » en avait été un ! Mais je le soupçonnais, compte tenu de la modestie dont il avait fait preuve et de son souci de mettre en avant mes avancées et mes réussites plutôt que ses succès de « mentor », de vouloir célébrer mon propre triomphe, celui qui s'incarnait dans tant de petites choses au quotidien, comme dans de plus grandes, dont *Les Fées mode* étaient l'emblème...

J'approchai du monument, admirant sur ses flancs les allégories éclatantes de la victoire. Oui, quel meilleur endroit, vraiment, pour célébrer l'achèvement de mon projet personnel et rendre hommage au brillant accompagnement mené par Claude ? J'avais le menton glorieux et l'œil fier, tandis que je passais à côté du Soldat inconnu et je me sentais habitée d'une même flamme.

Parvenue tout en haut de l'édifice, j'observai la vie au-dessous de moi, tous ces points minuscules qui s'agitaient dans tous les sens, ces voitures de la taille d'autotamponneuses, ces humains gros comme des pixels colorés... Le vent faisait danser mes cheveux et j'inspirais à pleins poumons les particules de liberté et d'ambition qui semblaient flotter autour de ce lieu chargé d'histoire et de conquêtes.

Claude se tenait là et m'accueillit à bras ouverts.

— Claude ! Quel plaisir de vous voir !

— Moi aussi, Camille. Alors, remise de vos émotions de l'autre soir ?

— Pour ça oui. C'était merveilleux ! Merci encore pour tout ce que vous avez fait. Et l'arrivée de Jean-Paul Gaultier, c'était dingue ! Je me demande encore comment vous avez réussi ce miracle.

— Ah, ah ! Petit secret de fabrication... Mais, vous savez, si le concept ne lui avait pas plu, il ne serait pas venu. Le mérite vous revient donc entièrement. Avez-vous vu les hauts-reliefs de ce monument, Camille ? C'est magnifique, n'est-ce pas ? Je ne voyais pas de meilleur endroit pour achever cette mission. Toute cette symbolique de victoire, de liberté, de paix... C'est ce que vous avez réussi à gagner, grâce à vos efforts, à votre volonté et à tous les changements positifs que vous avez mis en œuvre dans votre vie...

— Je n'y serais jamais arrivée sans vous !

— Tout le monde a besoin d'un guide à un moment ou un autre, et je suis heureux d'avoir pu vous aider...

Nous nous tûmes un instant, émus, le regard rivé sur l'exceptionnel panorama qu'offrait la terrasse où nous nous trouvions.

— Vous savez, Camille, j'aime à penser que nous sommes tous citoyens du monde, mais peu de gens en ont vraiment conscience. Chacun pourrait devenir « ambassadeur de la paix » rien qu'en agissant à son niveau, en œuvrant à sa sérénité intérieure et à son bonheur. Imaginez l'impact, si de plus en plus de gens choisissaient le cercle vertueux au lieu du cercle vicieux...

— C'est vrai. C'est pour ça que je suis bien contente d'être revenue dans le bon cercle. Vous m'avez tellement appris ! Même si votre mission auprès de moi s'achève, j'espère vraiment que nous pourrons continuer à nous voir.

— ...

— Claude ?

Son visage s'était brusquement assombri.

— Peut-être que quand je vous aurai fait mes révélations, vous n'aurez plus envie de me voir...

— De quoi me parlez-vous ? Quelles révélations ?

— Je dois vous dire un secret qui va peut-être vous bouleverser.

— Vous me faites peur...

— Alors voilà...

J'étais suspendue à ses lèvres.

— Je ne suis pas du tout routinologue.

— ...

Je le regardai sans comprendre.

— En vrai, je suis architecte. D'ailleurs, la maison que vous avez vue, c'est moi qui l'ai dessinée ! C'était mon rêve... Devenir un grand architecte. Vous m'auriez connu il y a quinze ans, j'étais un gars paumé, complètement déprimé, gros, sans avenir... J'habitais aux États-Unis à cette époque. Je travaillais comme serveur dans une pizzéria, à des années-lumière de mes idéaux. C'est là que j'ai pris vingt kilos... Une fuite en avant dans la nourriture pour oublier une blessure encore à vif... Tout ça à cause d'une histoire d'amour qui a mal fini...

Claude hachait ses phrases et je lisais sur son visage à quel point cet épisode avait dû être douloureux pour lui. Les traits crispés à l'évocation de ce souvenir pénible, il poursuivit :

— J'ai quitté la France à la suite d'une rupture brutale et douloureuse avec celle que je pensais être la femme de ma vie. Elle est partie avec mon meilleur ami... Une trahison qui m'a complètement mis par terre. Nous allions passer en troisième année d'archi et projetions de nous marier à la fin de nos études. Je ne pouvais pas rester dans son sillage. J'ai ressenti le besoin de m'en aller loin, très loin, de tout laisser tomber, y compris mon rêve professionnel, pour l'oublier. Un océan entre elle et moi ne semblait pas de trop ! Mais une fois aux States, ma dépression n'a fait qu'empirer. Je me suis totalement laissé aller, jusqu'à devenir énorme.

Je m'écriai dans un déclic soudain :

— Mais alors, l'homme de la photo, c'était vous !

Ce fut à son tour de ne pas comprendre.

Il me fallut expliquer l'indélicatesse qui m'avait valu de découvrir le cliché dans son tiroir.

— Oui, c'était bien moi. L'autre homme, c'est Jack Miller. C'est lui qui s'est occupé de moi et m'a remis sur les rails pour m'aider à devenir ce que je suis aujourd'hui. Sans lui, je n'aurais jamais repris l'architecture, je ne croyais plus en moi. C'est mon mentor, mon... routinologue !

— Comment ça, *votre* routinologue ?

Le vent faisait voler sa mèche poivre et sel et ses yeux se firent plus pétillants. Il poussa un gros soupir, puis se décida à tout me confier.

— Camille, il est temps que je vous explique... La routinologie, en soi, est une invention. Il s'agit en réalité d'une sorte de chaîne d'entraide, de relais de la réussite : celui qui a été aidé devient routinologue à son tour et doit transmettre ce qu'il a appris, en venant en aide à une autre personne de son choix.

— Mais... Mais... Ce n'est pas possible... C'est... C'est incroyable !

— C'est la vérité.

— Et votre cabinet ? Votre assistante ? Et cette jeune femme qui me disait avoir été accompagnée par vous ?

— Une mise en scène montée de toutes pièces. En réalité, ce cabinet est mon bureau d'architecte et Marianne mon assistante habituelle. J'ai dû la mettre dans la confidence et la convaincre de jouer le jeu. Cette femme qui a accepté de témoigner comme étant une ancienne cliente, c'est ma petite-nièce... Pour le reste, il me suffisait, à chacune de vos visites, de cacher tout ce qui aurait pu trahir mon vrai métier et de mettre en évidence quelques faux dossiers de routinologue...

— C'était donc pour ça, le plan de maison avec les cotes et les dossiers empilés ?

Il acquiesça en silence, guettant ma réaction.

— Mais alors, vous n'avez pas vraiment de compétences ni de légitimité pour jouer le coach avec moi ?

Il toussota. C'était la première fois que je le voyais perdre contenance.

— Oui et non, Camille. Car chaque nouveau « routinologue » a reçu, comme vous, un apprentissage, qu'il reproduit ensuite scrupuleusement. Pour vous, ça a marché, non ?

Je sentais qu'il attendait de moi une forme d'absolution. Je n'étais pas encore tout à fait prête à la lui donner. Il allait d'abord falloir que je digère tout ça. Il dut lire dans mes pensées, car il reprit :

— Ne croyez pas que je ne sais pas ce que vous ressentez, Camille. Pour moi aussi, ça a été un choc, quand j'ai appris que Jack Miller n'était pas routinologue... Certes, la méthode n'est pas classique, pas très orthodoxe même, mais elle vaut la peine, vous ne croyez pas ?

Nous nous regardâmes intensément. Un instant suspendu, fort, complice...

Je capitulai.

— Oui. Ça en vaut la peine.

Il respira à nouveau. Souriant, il farfouilla dans sa sacoche pour en extraire quelque chose.

— Alors, vous êtes prête à recevoir ceci...

Il me tendit un épais cahier. À l'intérieur, je retrouvai toutes les étapes de mon programme, les expériences, les apprentissages, les instructions détaillées. Je parcourus avec émotion ces pages remplies de notes, de schémas, de photos... Quel recueil impressionnant !

— Je l'ai tenu pour vous tout au long de votre parcours. C'est un support qui vous sera précieux pour accompagner, plus tard, celui ou celle que vous choisirez. Sur un regard, une parole, vous saurez que c'est la bonne personne...

— Ça s'est passé comme ça pour moi ?

— Oui. Ça faisait quatre ans que j'attendais de trouver qui j'aurais envie d'accompagner !

J'en restai bouche bée, flattée aussi.

Puis il me tendit des cartes de visite de routinologue imprimées à mon nom – comme s'il n'avait pas douté un seul instant que je dise oui –, ainsi que de fausses pochettes de dossiers, des photos et des témoignages de remerciements que j'aurais à afficher au mur de mon futur cabinet de consultation... Toute la panoplie du parfait routinologue !

— Je vous en prie. Prenez-les. À votre tour de transmettre tout ce que vous avez appris. Vous le ferez, n'est-ce pas ? Vous ne laisserez pas la chaîne des routinologues se rompre ?

Sa voix avait pris l'accent de la supplication.

J'étais chamboulée. Son regard soutint le mien avec insistance. Tout ce que nous avions vécu me revint en mémoire. L'émotion me serra la gorge. Je tendis le bras et pris le matériel... Je lui devais bien ça, non ?

35

Les gouttes, de plus en plus grosses, s'écrasaient sur mon pare-brise. Les essuie-glaces grinçaient, mais en moi, tout était calme. Malgré la pluie, la grisaille, les embouteillages et la mare rouge que les phares répandaient dans la nuit. Pour la première fois de ma vie, je me sentais pleinement en paix, « alignée », comme aurait dit Claude. Fini le temps où la vie me chahutait comme une vulgaire brindille prise dans le tumulte du vent. Jour après jour, je ne cessais de m'émerveiller de mes ressources intérieures et me sentais connectée à une force dont je ne soupçonnais pas jusque-là l'existence. Je me sentais prête à faire face à toutes les situations. J'avais enfin compris comment prendre les rênes de ma vie et pour rien au monde ne les aurais laissées s'échapper de mes mains.

Autour de moi, à l'arrêt dans les voitures, empêtrés dans un collé-serré de tôle, des visages rembrunis, agacés, fatigués. J'avais envie d'ouvrir mes vitres et de crier à tue-tête le mode d'emploi de Claude pour se rabibocher avec le bonheur. Au lieu de cela, je me contentais de sourire béatement, en attendant que le feu passe au vert.

Vert ! Je démarrai en trombe, pressée de libérer la voie, mais un véhicule, grillant le feu rouge, m'emboutit violemment sur la droite...

Off.

Gros blanc.

Puis bientôt, les sirènes.

Oh, un joli pompier, me dis-je, tandis qu'on m'extrayait de mon véhicule.

Quelques instants plus tard, assise dans le camion des secours, je me remettais de mon choc. Une femme fit alors irruption : la chauffarde. Elle fondit sur moi, se répandit en excuses larmoyantes, se maudit, se fustigea, s'admonesta, se plus-bas-que-terra...

Je l'écoutai sans l'interrompre. Je l'aurais voulu que je n'aurais pu réussir : quand il faut que ça sorte, faut que ça sorte. Toutes les deux, nous n'avions rien, à part quelques bleus et égratignures. Plus de peur que de mal. Malgré tout, elle ne se remettait pas d'avoir provoqué l'accident.

Après le constat d'usage et différentes formalités administrativo-policières, nous garâmes nos voitures sur le bas-côté pour libérer la chaussée. Elles seraient enlevées par nos assureurs respectifs.

Pour nous remettre du froid et du choc, je proposai alors à mon emboutisseuse encore toute contrite d'aller boire un chocolat chaud en attendant les dépanneuses. Elle sembla à la fois reconnaissante et incrédule que je lui témoigne cette délicate attention.

Elle déversa sur moi autant de remerciements que d'excuses un instant auparavant. Je ne me formalisai pas de ce débordement verbal : elle semblait vraiment à bout, la pauvre.

Nous commandâmes des chocolats chauds – viennois pour moi, le réconfort d'un petit monticule de chantilly s'imposait ! Je voyais sa lèvre inférieure trembloter, la sentais au bord d'un flot de confidences trop longtemps contenues.

Je posai ma main sur son avant-bras en signe d'encouragement.

— Ne vous inquiétez pas ! lui dis-je. Ce n'est pas si grave ! Et puis, ils commencent à me connaître, mes assureurs. J'ai eu affaire à eux il y a quelques mois. Avec ce qu'on les paie, autant qu'ils servent à quelque chose !

Des larmes commençaient à perler au coin de ses grands yeux bleus agités, perdus dans un visage large et rond.

— Mer... Merci ! Vous... Vous êtes si gentille ! À votre place, je crois que j'aurais pété les plombs !

— Ça n'aurait pas servi à grand-chose.

— Je suis si... si... désolée ! Je ne sais pas ce qui m'arrive, ces derniers temps, rien ne tourne rond ! Je suis à vif, j'ai envie de tout envoyer balader... Et là-dessus, cette journée effroyable, vraiment, c'est trop !

Elle s'effondra devant moi dans une explosion de sanglots. Ce qui ne fut pas sans me rappeler des choses...

Les battements de mon cœur s'accélèrent. Le moment était peut-être venu ? *She is the one*, pensai-je avec une certaine émotion.

Allais-je être à la hauteur de la tâche ? Inconsciemment, je me redressai dans mon fauteuil de bistrot et pris une profonde inspiration avant de plonger la main dans la poche de mon manteau et de caresser le petit bout de carton qui s'y trouvait.

— Comment vous appelez-vous ? demandai-je.

— Isabelle.

Je lui tendis ma petite carte.

— Tenez, Isabelle. Prenez. Il se trouve que je pourrai peut-être vous être utile...

Elle se saisit de ma carte de visite avec l'air incrédule de quelqu'un qui ne voit pas bien comment on pourrait lui venir en aide.

— Je suis routinologue.

— Routino-quoi ?

Petit vade-mecum de routinologie

ANCRAGE POSITIF

C'est une technique qui vous permettra de vous mettre dans un bon « état ressource », c'est-à-dire dans des conditions physiques et émotionnelles favorables. Comment ? En réactivant ces mêmes sensations, ressenties lors d'un moment heureux.

Pour cela, créez-vous votre ancre : dans un endroit calme, visualisez bien le moment heureux dont vous voulez vous souvenir, ressentez intensément l'état émotionnel que vous voulez pouvoir retrouver, et associez-lui un stimulus : mot, image ou geste. Avec de l'entraînement, vous réactiverez l'ancre en reproduisant le geste, le mot, ou en évoquant l'image associée, afin de retrouver l'état émotionnel souhaité.

APPAREIL PHOTO IMAGINAIRE

Pour actionner votre « appareil photo imaginaire » et modifier le filtre de perception de votre réalité, il vous faut être à l'affût du Beau, focaliser votre attention sur des choses jolies, agréables, réjouissantes, dans la rue, dans les transports, partout où vous allez. Vous constituerez ainsi un catalogue d'images intérieures positives : extrêmement bénéfique pour reprogrammer votre cerveau en positif !

ART DE LA MODÉLISATION

Il s'agit de vous trouver des modèles parmi les personnalités ou les personnages de fiction dont vous admirez une qualité, un aspect de leur vie. Comme Camille, vous pouvez dresser leur portrait chinois *(« J'aimerais avoir la sagesse d'un Gandhi, la grâce d'une Audrey Hepburn, etc. »)*, faire un patchwork de leurs photos et l'afficher à un endroit où vous pourrez le voir souvent, ou encore imaginer que vous êtes telle ou telle personne, et agir en conséquence pour gagner en confiance en vous. Prenez le meilleur de vos mentors – attitudes, bonnes pratiques, philosophie –, et construisez ainsi votre propre modèle de réussite !

CAHIER DES ENGAGEMENTS

Ce cahier vous servira à noter les objectifs que vous vous êtes fixés, les engagements pris vis-à-vis de vous-même, afin de vous impliquer complètement dans vos résolutions. Et pour chacun d'eux, indiquez ensuite s'il est atteint ou pas. Rappelez-vous que le plus important n'est pas de « savoir ce qu'il faudrait faire », mais de le faire. *Just do it!*

CARNET DU POSITIF

Il s'agit d'un répertoire sur lequel vous noterez, par ordre alphabétique, vos petits et grands succès, vos petites et grandes joies. La méthode ? Pour chaque lettre, pensez à des mots-clés qui évoquent des moments forts et positifs. Exemple : A comme Amour (décrivez vos plus beaux moments amoureux), ou Arthur (les bons moments avec votre enfant), ou Antibes (si l'endroit évoque des vacances mémorables), ou Arts martiaux (si le souvenir d'une médaille vous a empli[e] de joie), etc. Décrivez le souvenir avec précision – l'environnement, les gens –, et détaillez également vos sensations physiques et émotionnelles.

CATALOGUE INTERNE D'IMAGES POSITIVES

Il va de pair avec l'appareil photo imaginaire ! Vous constituez un album de photos mentalisé de moments agréables, paisibles, à convoquer régulièrement pour retrouver ces « bonnes vibes ».Tout cela contribue à renforcer un mental fort et une vision du monde positive.

CHANGER DE DIALOGUE INTÉRIEUR

Pour y parvenir, une technique qui a fait ses preuves : répétez chaque matin devant le miroir des affirmations positives sur vous-même. Même si vous n'y croyez pas encore tout à fait, votre cerveau, lui, les entend et les enregistre ! Vous y gagnerez en bien-être et restaurerez une image valorisée de vous-même.

CODE ROUGE

Il s'agit d'un petit signe dont vous pourrez convenir avec votre conjoint(e) (ou avec un enfant) pour le (la) prévenir qu'il y a danger de dispute. C'est une sorte de *warning*, comme en voiture. Le geste agit comme une lumière qui clignote et met l'autre en garde. La montée en cascade de l'agressivité pourra ainsi être évitée.

COUPER LES ÉLASTIQUES (DU PASSÉ)

Les « élastiques » du passé sont des événements qui vous ont affecté(e) et dont vous n'avez pas conscience qu'ils influent sur votre présent. Certaines circonstances de votre vie d'aujourd'hui réactivent ces blessures et libèrent malgré vous une charge émotionnelle disproportionnée par rapport à l'événement déclencheur. Pour vivre mieux le quotidien, il convient d'identifier ces « élastiques » et de les « couper », en en prenant conscience tout d'abord, puis en entreprenant certaines actions, par exemple en travaillant sur des colères refoulées d'autrefois, ou bien des deuils inachevés (libérer la parole et les ressentis soit par l'écriture, soit auprès d'un thérapeute).

CRÉATIVITÉ AMOUREUSE

Osez la créativité ! Faites des *brainstormings* amoureux : notez toutes vos idées en suivant la règle du CQFD. C barré : pas de censure ni de critique. Q pour quantité : émettez un maximum d'idées. F pour bienvenue au farfelu : notez même les idées les plus folles et improbables ! D pour démultiplication : une idée vous fait penser à une autre idée, cela s'appelle rebondir ! Que vous imaginiez des *lovtxt* (des textos d'amour créatifs), ou que vous cherchiez des lieux insolites de rendez-vous pour surprendre votre amoureux(se), la créativité reste votre meilleure alliée anti-routine.

Décoller ses timbres

Vous « décollerez vos timbres » en osant dire ce que vous avez sur le cœur, en exprimant vos contrariétés au fur et à mesure qu'il y a gêne, conflit – latent ou non. Vous éviterez ainsi l'effet cocotte-minute et l'explosion.

Empathie mouillée

Vous pratiquez l'empathie mouillée lorsque vous prenez à votre charge les problèmes de l'autre, que vous absorbez ses émotions négatives. C'est ainsi que vous finissez par aller mal, vous aussi.

Empathie sèche

Vous pratiquez l'empathie sèche lorsque vous adoptez une attitude d'écoute distancée, écoute qui vous permet d'entendre et de compatir avec les problèmes de votre entourage, sans vous laisser contaminer par les humeurs néfastes. C'est un bouclier de protection très utile pour ne pas vous laisser aspirer.

Faire « comme si »

La technique mentale du « faire comme si » consiste à agir *comme si* la situation qui vous embarrasse ou la chose que vous avez à faire et pour laquelle vous renâclez un peu était la situation ou l'activité la plus passionnante du monde. Vivez-la à 400 % ; ne vivotez pas, n'attendez pas en ruminant qu'un changement providentiel tombe du ciel.

Faire le chat

Vous « ferez le chat » en vous accordant un petit moment rien qu'à vous, un petit moment paisible et calme, bien ancré dans l'instant présent, où vous pourrez vous étirer, bâiller, laisser vos idées flotter comme une méditation *soft*. Faire le chat, c'est tout simplement se contenter d'« être », sans céder à la pression du « faire »...

Faire une F.E.T.E.

Plutôt que d'utiliser la « mitraillette à reproches », parlez posément de votre ressenti, en cas de situation tendue ou blessante, formulez une demande claire à votre interlocuteur. Pour cela, rappelez les F/Faits qui vous ont contrarié(e). Puis exprimez votre E/Émotion, ce que vous avez ressenti. Proposez ensuite un T/Terrain d'E/Entente, c'est-à-dire une suggestion d'amélioration, une solution gagnant-gagnant pour les deux parties.

Instants de gratitude

Chaque jour, ayez en tête un remerciement pour tout ce que votre journée vous a apporté de positif, du plus insignifiant au plus grand bonheur (du bienfait d'une tasse de café au réveil, à l'incommensurable joie d'un accomplissement personnel).

Liste de vos expériences positives et liste de vos qualités

Établissez la liste des événements passés les plus marquants pour vous en termes de réussite et celle de vos qualités et savoir-faire. Cela vous permettra de vous focaliser sur les points positifs de votre vie ou de votre personne, et de regagner ainsi du terrain sur le plan de l'estime de soi.

Méthode SMART

Cette méthode vous aidera à définir les objectifs que vous souhaitez atteindre et à obtenir les meilleures chances de les atteindre. Il vous faut vous assurer que votre objectif est S/Spécifique (clairement cerné et adapté), M/Mesurable (un indicateur de succès doit pouvoir établir qu'il est atteint), A/Atteignable (défini de manière à pouvoir être réalisé, découpé en une série d'objectifs accessibles ; il ne doit pas être « l'inaccessible étoile »), R/Réaliste (pour maintenir une motivation forte, votre objectif doit être cohérent par rapport à votre profil et vos compétences) et T/Temporellement défini (vous vous êtes fixé une date butoir).

Mission « Grand Blanc »

C'est le grand ménage *in* et *out*.

Le ménage *in* ou ménage intérieur : vous allez identifier tout ce qui vous paraît toxique, néfaste, sclérosant dans votre relation aux autres, votre organisation, votre environnement. Comme Camille, vous pouvez établir une liste de « *je ne veux plus...* ».

Le ménage *out*, ménage extérieur : vous allez vous concentrer sur votre cadre de vie pour l'améliorer de toutes les façons possibles, en vous débarrassant des objets inutiles ou abîmés, en faisant du tri, du rangement, en rafraîchissant la décoration...

MITRAILLETTE À REPROCHES

C'est « l'arme » dont nous usons, lorsque nous faisons commencer nos phrases par le « tu » du reproche (« *Tu ne penses jamais à... Tu te plonges dans ton ordi sans me demander si...* »). À proscrire absolument pour éviter de mettre le pied dans l'engrenage de l'agressivité. Mieux vaut apprendre à formuler ses ressentis en utilisant « je ».

NOURRIR SES RATS

Vous « nourrissez vos rats » si vous encouragez la partie de vous-même qui aime bien se faire plaindre et jouer les Caliméro. Ce qui est souhaitable, donc, c'est d'arrêter de les nourrir, ces rats, et d'essayer de comprendre en quoi ce mauvais rôle nourrit certaines de vos peurs ou de vos blessures secrètes. Vous deviendrez ainsi moins atteignable, parce que plus sûr(e) de vous.

PENSÉE ET ATTITUDE POSITIVES

Vos paroles ont une vibration. Votre attitude physique aussi. Les deux influencent grandement votre mental et, par extension, votre réalité. Voilà pourquoi il est bon d'adopter une pensée et une attitude positives. Se tenir droit plutôt que voûté, sourire versus faire la tête, voir le positif en toute chose plutôt que se plaindre et se décourager... Entraînez-vous à la formulation positive : employez dans vos phrases la tournure positive plutôt que négative, la forme active plutôt que passive. Dire « je n'y arriverai jamais dans les temps », ce n'est pas pareil que dire « je fais face aux difficultés

en m'organisant et en mobilisant mes ressources »...
À vous de jouer !

POWER SONGS

Composez-vous une *play list* de musiques qui vous
donneront des ailes dans le dos.

RESPIRATION PROFONDE

Deux à trois fois par jour, prenez le temps de faire
quelques respirations profondes. Asseyez-vous tranquillement, relâchez bien toutes les tensions dans votre
corps, desserrez les mâchoires en entrouvrant légèrement la bouche. Inspirez jusqu'à quatre, bloquez deux,
expirez quatre, bloquez deux. Progressivement, vous
améliorerez vos capacités respiratoires et passerez à
des rythmes inspiration-apnée/expiration-apnée tels
que *8-4/8,12-6/12, 16-8/16.*

À savoir : la qualité de votre expiration est primor-
diale, car mieux vous expirez, mieux vous remplissez
ensuite vos poumons d'air neuf ! Or, cet apport en
oxygène va ressourcer tout votre corps, sans parler de
votre cerveau...

Chérissez ce souffle vital et imaginez qu'il procède
comme un massage intérieur.

RUMIGNOTTE

C'est votre cagnotte antirumination ! Pour créer
votre rumignotte, recyclez un bocal ou une bonbonnière. L'idée : chaque fois que vous vous surprenez à
ruminer une pensée négative ou stérile, glissez un euro

dans la rumignotte. Une pratique ouverte à toute la famille !

SOURIRE INTÉRIEUR

Les maîtres taoïstes enseignaient l'art du sourire intérieur – ou l'art de retrouver la sérénité intérieure –, garant de santé, de bonheur et de longévité. C'est un état de bien-être et de calme qui s'obtient par des exercices réguliers de relaxation, de respiration profonde. Le sourire intérieur, c'est aussi la capacité à développer acceptation, bienveillance, générosité, amour pour soi et pour autrui. Être habité par cet état d'esprit est ce qui apporte la fameuse « paix intérieure ».

THÉORIE DES PETITS PAS

Cette théorie nous dit qu'il est sage d'envisager le changement comme une succession de petites étapes, de petites transformations, plutôt que comme une montagne immense à franchir d'un coup. Il apparaît ainsi moins effrayant et son résultat n'en sera que mieux atteint !

TRIANGLE DRAMATIQUE

Le triangle dramatique est un principe qui décrit les trois rôles symboliques que nous pouvons occuper tour à tour, plus ou moins consciemment, dans le scénario d'une relation négative : celui de la victime, du persécuteur ou du sauveur. Dans un tel schéma, il ne peut y avoir d'issue favorable, à moins de sortir du jeu.

Raphaëlle Giordano

Écrivain, artiste peintre, coach en créativité... La création est un fil rouge dans la vie de Raphaëlle. Diplômée de l'École supérieure Estienne en Arts appliqués, elle cultive sa passion des mots et des concepts pendant quelques années en agences de communication à Paris, avant de créer sa propre structure dans l'événementiel et le coaching créatif (www.emotone.com).

Quant à la psychologie, tombée dedans quand elle était petite, formée et certifiée à de nombreux outils, elle en a fait son autre grande spécialité. Ainsi, ses premiers livres proposent une approche résolument créative du développement personnel, tant sur le fond que sur la forme. *Les Secrets du docteur Coolzen* (une collection de quatre titres), *Mon carnet de coaching 100 % bonheur*, *J'ai décidé d'être zen...*

Avec son premier roman, *Ta deuxième vie commence quand tu comprends que tu n'en as qu'une,* elle se consacre à un thème qui lui est cher : l'art de transformer sa vie pour trouver le chemin du bien-être et du bonheur.

Et la routinologie ?

Constatant qu'un nombre croissant de personnes possédant tout pour être heureuses sans finalement parvenir à l'être se trouvaient en proie à une forme de morosité chronique, Raphaëlle a créé un métier essentiel. Ni psy, ni coach, le routinologue est un expert en accompagnement dans l'art de retrouver le bonheur perdu !

Pour suivre l'actualité de Raphaëlle Giordano
(dates de conférences, séminaires, webinars),
rendez-vous sur <u>www.routinologue.com</u>

Faites de nouvelles rencontres sur pocket.fr

- Toute l'actualité des auteurs : rencontres, dédicaces, conférences...
- Les dernières parutions
- Des 1ers chapitres à télécharger
- Des jeux-concours sur les différentes collections du catalogue pour gagner des livres et des places de cinéma

Découvrez
des milliers de
livres numériques chez

➜ *www.12-21editions.fr*

12-21 est l'éditeur numérique de Pocket

La photocomposition de cet ouvrage
a été réalisée par
GRAPHIC HAINAUT
30, rue Pierre Mathieu
59410 Anzin

Imprimé en France par CPI
en août 2017
N° d'impression : 3024467

POCKET – 12, avenue d'Italie – 75627 Paris Cedex 13

Dépôt légal : juin 2016
S27002/06